CN00555649

JUECES EN LA NOCHE

———

HOY ES FIESTA

Antonio Buero Vallejo

ANTONIO BUERO VALLEJO

# JUECES
# EN LA NOCHE
—
# HOY ES FIESTA

PRÓLOGO DE LUIS IGLESIAS FEIJOO

ESPASA-CALPE, S. A.
MADRID
1981

Edición especialmente autorizada por el autor para

SELECCIONES AUSTRAL

© Antonio Buero Vallejo, Madrid, 1979, 1957

© Espasa-Calpe, S. A., Madrid, 1981

—

Depósito legal: M. 16.341–1981
ISBN 84–239–2088–7

Impreso en España
Printed in Spain

Acabado de imprimir el día 14 de mayo de 1981

Talleres gráficos de la Editorial Espasa-Calpe, S. A.
Carretera de Irún, km. 12,200. Madrid-34

# ÍNDICE

# PRÓLOGO

«No vale dar la espalda a los problemas
que nos acosan.»

*(Jueces en la noche.)*

La oportunidad de considerar conjuntamente dos obras dramáticas de Antonio Buero Vallejo separadas en la fecha de su estreno por casi un cuarto de siglo de distancia nos brinda la ocasión de observar de cerca cuáles han sido los cambios que en ese trecho el autor ha podido introducir en su práctica teatral, pero a la vez nos permite comprobar la existencia de unas constantes creadoras que perduran a lo largo de toda su trayectoria. Esto puede ser especialmente clarificador a la hora de enfrentarse con JUECES EN LA NOCHE, su más reciente propuesta escénica, que no ha gozado de una crítica de prensa demasiado positiva, acaso porque el drama proponía una reflexión en profundidad sobre problemas graves, espinosos y muy vivos en la sociedad española actual, ante los que resulta difícil superar las tomas de postura personales y conseguir la deseable objetividad. Pero, sin duda, también contribuyó a producir esa fría acogida (que, de todas formas, fue mayor en la crítica que en el público, aun sin haber constituido un gran éxito) la ausencia de un examen de los lazos que unían esta obra con el resto de la producción del autor y, por tanto, éste ha de ser un punto sobre el que volveremos más adelante.

## BUERO Y SU TEATRO

Como los lectores de Selecciones Austral cuentan ya con las referencias biográficas indispensables sobre el autor, precisadas en los prólogos a los tres volúmenes de sus dramas hasta ahora publicados en la colección, no será necesaria aquí sino una brevísima «puesta en situación». Nacido en Guadalajara en 1916 (el mismo año que Camilo José Cela y Blas de Otero, que alcanzarían en la novela y la poesía de posguerra la misma significación preeminente que nuestro escritor en el teatro), estudiante de Bellas Artes al comienzo de la guerra civil —pues el joven Buero quería ser pintor—, miembro del ejército republicano durante la contienda, condenado a muerte al fin de la misma, sentencia conmutada al cabo de ocho meses por la de cadena perpetua, y liberado al fin en 1946, este hombre, cuya vida es muy similar hasta entonces a la de tantos seres anónimos que en el siglo XX han conocido guerras, prisión y dolor, decide volcar su indudable vocación artística en otro medio quizá más apto para transmitir sus experiencias, que le han dotado de un rico mundo interior. Comienza así a escribir teatro y la concesión del premio Lope de Vega, que se otorga en 1949 a su *Historia de una escalera,* marca el inicio de una ininterrumpida trayectoria dramática, cuyo punto de origen es señalado de manera unánime por los estudiosos como el arranque del mejor teatro español de posguerra.

Pese a algunas acusaciones de pesimismo que recayeron sobre sus primeros dramas, es importante destacar que el autor nunca aceptó como suyas las tesis nihilistas que otros escritores europeos habrían de poner en circulación por aquellos años, abrumados por la evidencia de los horrores en que la humanidad parecía haberse despeñado: totalitarismos, guerras, campos de concentración y de exterminio, bombas atómicas... Éste es también, no hay duda, el telón de fondo sobre el que Buero Vallejo construirá sus obras, pero, y ello resulta muy significativo, en lugar de limitarse a constatar con desesperación los abismos en que el hombre puede caer y de los que en parte no pequeña tenía conocimiento directo, el dramaturgo propone a lo largo de toda su producción una defensa de la dignidad humana, que culmina siempre en la esperanza de un mañana mejor. Si con decidido empeño escribe obras que él mismo incluye en el campo de lo trágico, lo hace con la convicción de que esto implica abordar en la escena algunas de las interrogantes fundamentales que rodean al ser humano, pero no para obtener de ellas una respuesta forzosamente negativa. El desenlace catastrófico deja de presentarse como la condición indispensable para la existencia de la tragedia y, por el contrario, se postula como su secreta raíz última el surgimiento de una esperanza que, si no afecta quizá a los personajes de ficción, debe nacer siempre en esas personas reales que son los espectadores.

Aquí reside uno de los rasgos más destacados de la creación de Buero Vallejo, pues su concepto de la función social del teatro cristalizó desde su primera obra en la configuración del drama y del espectáculo escénico como una propuesta que no se agota en sí misma, sino que debe prolongar su vida y sus efectos en la mente del público. Sin caer en ninguna clase de misoneísmo, el autor tiene en cuenta la incidencia del teatro sobre la realidad y por ello olvida con gesto decidido el teatro de evasión como campo de su actividad; él desea encarar a su audiencia con los agudos problemas del hombre contemporáneo, para que reflexione críticamente sobre ellos y obtenga sus propias conclusiones, que acaso aplicará luego en la vida. Para conseguirlo, nada mejor, a su juicio, que hacer *participar* al espectador en el mundo de los personajes; cuanto más intensamente lo logre, más eficaces podrán ser los resultados. En cierto modo, toda la carrera teatral de Buero

puede ser definida como un denodado esfuerzo creativo
a la búsqueda de una mayor participación del público
en los universos de ficción.

Como puede deducirse de lo anterior, el deseo de
que la situación y las vivencias de los personajes sean
compartidas no desemboca en el planteamiento de un
espectáculo que tan sólo arrastre al espectador, domi-
nado por sus emociones y transitoriamente enajenado
ante las vicisitudes del protagonista dramático. De otro
lado, la finalidad reflexiva que se postula no conducirá
tampoco a un radical «distanciamiento» (por emplear
un término que Brecht divulgó), que interrumpa a cada
paso la acción para provocar el nacimiento de una
actitud crítica. Sin renunciar a ninguno de ambos
planos, Buero practica lo que podría ser calificado de
un distanciamiento emocionado o una participación
reflexiva, esto es, un teatro que englobe en una síntesis
dialéctica superior los elementos de la disyuntiva, sólo
en apariencia opuestos o contradictorios. De esta
forma, llegamos a vislumbrar una de las principales
características definidoras de toda su obra; en los más
diversos aspectos, tanto de construcción como de significado, surge a cada paso la presencia de una voluntad
armonizadora que, lejos del eclecticismo, se ofrece
como aglutinante de todos los componentes dramáticos
y que contribuye a crear ese cosmos ordenado que se
despliega sobre el escenario.

Por ello se puede definir al de Buero como un teatro
dialéctico, que une una decidida vocación ética con un
firme propósito de experimentación estética, sumando
ambos factores hasta desembocar en uno de los más
serios, valiosos y, sin duda, perdurables mundos dramáticos que se han dado en la historia del teatro español.
El destacado lugar que el autor ocupa en nuestra
escena actual no podría explicarse si tomásemos en
consideración por separado cualquiera de esas dos
dimensiones. Es en su feliz conjunción donde radica su
interés y, tras haber aludido a la primera, debemos con-

siderar, aunque sea brevemente, la otra, que no siempre ha merecido igual reconocimiento.

Buero es, en efecto, un importante investigador en el terreno de la forma dramática. Arraigado al principio en la tradición del teatro realista español y europeo, conoce también con detalle la obra de una larga serie de creadores que sometieron esa tradición a una profunda crisis renovadora, que había de llevar el arte escénico muy lejos de los supuestos del realismo decimonónico. El teatro de ideas de Ibsen, que podría ser calificado de naturalismo simbólico; el pre-expresionismo de Strindberg; las obras de Unamuno, O'Neill y Pirandello; el teatro épico de Brecht; las creaciones de Thorton Wilder o Arthur Miller son algunas de las experiencias dramáticas que en los últimos cien años han renovado la configuración del teatro contemporáneo y muchos de ellos contribuyeron a formar el trasfondo sobre el que el dramaturgo español levantó su propia producción. En lugar de verle como un escritor exclusiva o principalmente apegado al sainete, opinión que con apresuramiento muchos dedujeron de su primera obra y que luego se ha repetido hasta hoy, Buero Vallejo se sitúa, por encima del tiempo y de las fronteras nacionales, en un fecundo diálogo creador con nombres como varios de los arriba indicados, de los que recibe una herencia indispensable, pero sin quedar por ello encerrado en los límites de una continuidad meramente reiterativa, pues su potencia artística le impidió convertirse en un simple epígono.

Como todo autor dotado de inquietudes estéticas, es evidente que a lo largo del tiempo ha evolucionado y por ello sus propuestas dramáticas son hoy mucho más avanzadas que en sus años iniciales. Dentro de lo que encierra de convencional y subjetivo cualquier división en etapas de la labor de un escritor, podría arriesgarse respecto a la de Buero un agrupamiento en tres períodos sucesivos (y condenso así lo que es objeto de un tratamiento más desarrollado y matizado en la

monografía que menciono en la nota bibliográfica final;
en ella podrá hallarse una ampliación de lo que aquí se
expone).

En principio, nos hallamos ante unas estructuras dramáticas esencialmente construidas según los funda-
mentos del realismo teatral. En ellas se recrean ámbitos
sociales diferentes, que van desde los niveles populares
de *Historia de una escalera, Irene o el tesoro* y HOY ES
FIESTA hasta los más elevados de *La señal que se espera*
y en parte *Madrugada,* pasando por el término medio
que representa *Las cartas boca abajo.* Estas obras, que
componen un fresco rico y animado de la España con-
temporánea, no agotan su inventiva, que discurre también por los campos de la parábola mítica en *La teje-
dora de sueños,* la recuperación de temas literarios en
*Casi un cuento de hadas* o el drama sin localización con-
creta en *Aventura en lo gris.* Esto muestra a las claras
que Buero no se ha ceñido nunca a una concepción
estrecha del realismo, pues en él hizo siempre entrar no
sólo lo material, sino también los sueños, la fantasía o
las alucinaciones, que pueden tomar cuerpo en escena
con la misma entidad visual que las cosas sensibles: el
entreacto de *Aventura en lo gris* es un sueño colectivo y
en *Irene* podemos ver y oír a los seres creados por la
imaginación de la protagonista. La utilización de un
trasfondo simbólico en los ciegos de *En la ardiente oscuridad* constituye asimismo una prueba evidente a este
respecto.

El dramaturgo inaugura en 1958 otra etapa, caracterizada temáticamente por el tratamiento de temas histó-
ricos *(Un soñador para un pueblo, Las Meninas, El concierto de San Ovidio),* en la que son muy importantes los
cambios en la configuración del espacio escénico y en
la estructuración de la obra: escenario simultáneo, rup-
turas de la continuidad temporal dentro del acto, etcé-
tera. Con *La doble historia del doctor Valmy* y *El tragaluz*
se introducen unos personajes intermedios entre el
público y la trama, que cumplen la función de narra-

dores, lo que permite una transformación notable en la disposición del tiempo dramático, llena de sugestivos efectos.

En fin, en lo que puede considerarse su último período hasta el momento, el autor investiga sistemáticamente a partir de 1970 dentro de las posibilidades de implantación de un punto de vista subjetivo en el escenario. En vez de transmitir una imagen objetiva de la realidad, se imponen a los espectadores las limitaciones de un protagonista que los dejará sordos como el Goya de *El sueño de la razón,* ciegos como el Julio de *Llegada de los dioses* o locos como el Tomás de *La Fundación.* Todo el drama es percibido ahora a través de la mente de un personaje, de forma que puedan salir a la luz los contenidos alucinados de su cerebro o las intuiciones subconscientes que en él secretamente anidaban. De ahí que en la última obra citada el decorado no reproduzca en un principio la cárcel en que los personajes se encuentran, sino la confortable apariencia del centro de estudios en que Tomás *cree estar.* Del mismo modo, *La detonación* ofrece la vertiginosa rememoración que Larra hace de lo que fue su vida como escritor durante los minutos que preceden a su suicidio; como se trata de una visión recapituladora realizada desde el final, el protagonista no sólo recuerda los hechos, sino que les añade el sentido que ahora sabe que tuvieron y por eso puede dotar de máscara a quienes le rodearon.

Este progresivo y creciente proceso de renovación formal y de investigación estética no nace, sin embargo, de un prurito vanguardista, que también sería legítimo de por sí, sino que está puesto al servicio de una mejor integración de los elementos que conforman su mundo creativo. Se trata de interiorizar en el público esa participación profunda que ya hemos glosado, para obligarle a compartir, sin escapatoria de ningún género, los problemas de los personajes, de manera que cada espectador sea convertido también en el sordo, el ciego, el loco o, muchas veces, el culpable. Pero, al hacerle vivir *desde dentro* el desarrollo de la ficción, se consigue a la vez implicarlo en el sentido general de cada drama. Esto se observa muy bien en *La Fundación,* donde se produce paulatinamente la vuelta del protagonista a la razón y a la lucidez, que se ve acompañada por la transformación del espacio escénico. El camino que Tomás recorre desde la locura a la realidad habla de la necesidad imperiosa que el hombre tiene de encararse con la verdad, por amarga que resulte (gran tema bueriano), y postula un ejercicio de desalienación individual y colectiva que podríamos tomar como cifra o símbolo de todo el teatro del autor.

En consecuencia, por muy cerrado que para los personajes de sus obras se muestre el desenlace (y en él es frecuente hallar la muerte, la frustración o el dolor), siempre permanece latiendo una oferta esperanzada, que se encierra en el sueño de un futuro menos sombrío. El hombre —viene a decirse constantemente— no es víctima de la fatalidad o el destino, sino en todo caso consciente o involuntario creador de su suerte y de su desgracia. A pesar de todo lo que de negativo pueda observarse en la vida y en la sociedad, se eleva siempre al final una voz en defensa de la libertad y de la dignidad del ser humano. Para que esa invocación sea oída y compartida por muchos compone sus obras el autor de teatro y así lo ha manifestado el propio Buero Vallejo: «Pese a toda duda, creo y espero en el hombre, como espero y creo en otras cosas: en la verdad, en la belleza, en la rectitud, en la libertad. Y por eso escribo de las pobres y grandes cosas del hombre; hombre yo también de un tiempo oscuro, sujeto a las más graves, pero esperanzadas interrogantes.»

## HOY ES FIESTA

Esta «tragedia acerca de la esperanza», como la definió el autor, se estrenó en 1956 y, de acuerdo con la clasificación que hemos adelantado, debe ser incluida en la primera etapa de su producción. En efecto, en ella se pueden verificar sus características más notables: marco escénico realista, disposición ordenada de la trama sin quiebras temporales (existe unidad de espacio y tiempo), personajes concebidos como «caracteres» que, a través de un diálogo muy bien perfilado, irán desvelando el conflicto, y aumento creciente de la tensión dramática hasta la revelación de una circunstancia mantenida en secreto incluso cerca del final (el billete de lotería del que se habían repartido participaciones no existía). Es muy importante señalar que, pese a lo dicho, el autor no ha situado en el desenlace del drama el momento del clímax, sino que éste (la pelea en que los vecinos agreden a doña Balbina) irá seguido de varias escenas distensivas, hasta llegar a la muerte de Pilar, la cual, sin perder su dimensión trágica, está caracterizada por una suavidad y una dulzura que contrastan fuertemente con la violencia anterior.

La obra presenta en escena las ilusiones y decepciones que dominan a un puñado de gentes humildes, habitantes de un modesto edificio en cuya azotea se va a desarrollar todo el proceso que se extiende desde las horas iniciales de un señalado día de fiesta hasta la llegada del ocaso, que se llevará consigo, además de la vida de Pilar, los sueños que todos habían depositado en el sorteo de lotería que se celebra en esa fecha. El telón desciende al final sobre un panorama que en apariencia no puede ser más desolador y ante el que las palabras de doña Nieves, la echadora de cartas, dibujan un contrapunto que cabría entender como un sarcasmo: «Hay que esperar... Esperar siempre... La esperanza nunca termina... La esperanza es infinita...» ¿Dónde está esa esperanza? ¿Es la sempiterna salmodia de la adivina un conjunto de frases fortuitamente irónicas, desmentidas por lo que en el escenario ha ocurrido? Para comprenderlo, debemos examinar brevemente las distintas acciones que han tenido lugar y a las que la limitación temporal confiere una intensidad que concentra la posible dispersión del protagonismo colectivo.

En principio, hay que hacer una distinción entre Silverio y los demás personajes. Éstos, aunque perfectamente individualizados, poseen una dimensión coral, pues sus concretos problemas personales se proyectan hacia una esfera común, que los iguala en su pobreza y en las dificultades económicas en que todos están sumidos. Forman, antes que nada, un grupo de «pobres gentes» (recordemos a Dostoievski) hacia las que el escritor dirige una mirada compasiva, pero clarificadora. El carácter social del drama no reside en unas inexistentes proclamas o reivindicaciones de justicia, puestas en boca de algún «héroe positivo», al modo del llamado realismo socialista. Por el contrario, lo que aquí se ofrece es el panorama, nada enfático ni declamatorio, de las condiciones de vida de unos seres, concentrado en las anécdotas cotidianas y elocuente por su misma y sencilla evidencia. Su situación casi desesperada parece el producto de unas circunstancias que ellos no controlan, pero cuyos efectos sufren igualmente. Ninguno halla salida a su existencia y su trabajo no les permite vislumbrar la mínima posibilidad de mejora.

Así, de una manera implícita, sobre la escena se diseña una implacable crítica acerca de una estructuración social que impide que todos sus miembros gocen de una vida digna y humana. Y esa crítica se hace tanto más incisiva cuanto más sutil resulta, pues se ha obligado al público a *participar* afectivamente de sus pequeños problemas diarios y a compadecerlos, ya que los personajes se nos muestran como definitivamente inocentes. Ellos no parecen haber podido hacer otra cosa para liberarse de su pobreza, pero ésta es una conclusión que el espectador obtiene *después* de haber asistido a la exhibición de su lastimada humanidad; es, en suma, el sentimiento que nace en nosotros al *reflexionar* sobre todo lo ocurrido. Los habitantes de la azotea no son culpables de su rudeza, su falta de educación o su

brutalidad. Todos podrían hacer suyas las palabras con
que una de las convecinas trata de disculparse: «Cada
una es como la han hecho, y a mí me hicieron así...»
   Ante la dificultad de su existencia, que les llevará a
exclamar con rabia: «Perra vida», necesitan «conso-
larse del presente», otra frase mencionada en la obra.
Por eso se refugian en lo único que les queda: la esperanza de un cambio. Como dice Tomasa con desga-
rrado acento: «Pues hay que esperar, ¡qué demonios! Si
no, ¿qué sería de nosotros?...» Pero el cauce en que su
humana tensión se vierte no posee consistencia. La
lotería con la que sueñan para arreglarlo todo es un
precario refugio basado en el azar, una «ilusión» (palabra clave), que evidencia la falta de entidad real de
sus aspiraciones. En el fondo, se trata de una versión
más del cuento de la lechera, ya surgido en la drama-
turgia del autor en el final del acto primero de *Historia
de una escalera.*
   Cuando el sorteo se celebra, la explosión jubilosa por
el premio supuestamente conseguido se ve trasmutada
en un acceso de cólera ante el engaño de que han sido
objeto. La lotería puede tocar siempre, pero en realidad
nunca lo hace y así se les revela con claridad que la
posibilidad de cambiar está absolutamente fuera de su
control, lejos de su alcance. La violencia con que reac-
cionan habla bien de la frustración represada que
domina sus vidas en todo momento y de la que son oca-
sionalmente conscientes ante un hecho como el fraude
de doña Balbina. En ese instante pueden dirigir su furia
contra alguien concreto y no contra algo abstracto (la
injusticia social, las causas objetivas de su situación...).
Entonces se oirá salir de labios de uno de ellos el desolador comentario que resume su estado: «Y así toda la
vida. Corriendo como perros tras las cosas sin conse-
guirlas nunca... Nunca.»
   Cuando todo parece perdido, surge, sin embargo, lo
inesperado; imponiéndose a su desaliento y gracias a la
decidida intervención de Silverio, todos accederán al

perdón de quien los ha engañado. Devolviendo sus papeletas y comprometiéndose a no denunciarla, hacen que esa jornada sea en definitiva un «día de fiesta», en el que triunfan la conmiseración y la piedad hacia «la más pobre de todas». La humana solidaridad se nos muestra como el mejor premio y quizá por ello vuelve a renacer de sus cenizas la esperanza en el futuro.

Silverio es, en cambio, un personaje distinto. Aunque vecino de los otros, está claro que él sí hubiera podido hacer más en su vida. Si se ha recluido ahí, es por un voluntario auto-castigo con el que quiere expiar la culpa que le atormenta por un hecho sucedido en el pasado y del que se considera responsable: haber dejado morir a la hija que su esposa Pilar tuvo antes de que se conociesen. La culpa y el remordimiento son temas centrales en Buero Vallejo y se convierten en lazo de unión de este drama con el más reciente, como veremos en seguida. Pero Silverio, que cree haber pagado su deuda por medio de su voluntaria frustración, ha sido un cobarde al no haber revelado a Pilar la verdad que le obsesiona. Cuando los vecinos le dan la suprema lección del perdón, él actúa decididamente, salvando del suicidio a la desesperada Daniela, una muchacha cuya vida, rescatada por él en el último momento, viene a compensar la de aquella otra niña muerta hace tiempo. Sin duda, Silverio, al salir de su pasividad, ha ayudado a salvar el futuro, pero, cuando quiere replantear su existencia y confesarse al fin a su esposa con la *esperanza* de obtener su comprensión, Pilar muere en sus brazos como víctima inocente de la violencia (otro motivo recurrente en la obra del autor).

El dolor del personaje inunda así la escena en el momento final y es entonces cuando se oyen las palabras de la adivina: «Hay que esperar...» El drama termina ahí, con esa tensión abierta y ello nos impide contestar con certeza qué puede esperar aún Silverio. Ahora que ha descubierto la existencia del perdón y la solidaridad, su vida podría quizá ser diferente, aunque le falte para siempre la compañía de su mujer. La muerte de ésta, no obstante, sería posible entenderla, en lo que atañe a Silverio, como el cumplimiento de una justicia poética ante su debilidad y cobardía durante tantos años. En cualquier caso, el futuro de los personajes sería tema de otra obra distinta y ya no pertenece a HOY ES FIESTA, que termina así ante la muerte, el dolor... y la esperanza de unos seres cuyas vidas transmiten al espectador una buena imagen de la lúcida piedad con que el autor ha creado siempre sus criaturas populares.

Y si nos permitimos hablar de lucidez es porque la visión que se ofrece de los ocupantes de la azotea no está teñida del populismo paternalista que muy a menudo esmalta las obras situadas en estos ambientes. El retrato que se presenta de estos hombres y mujeres (sobre todo de éstas, pues hay varias figuras femeninas admirablemente trazadas con muy pocos rasgos, pero de incuestionable eficacia escénica) no trata de ocultar sus defectos e insuficiencias; así se constatan la desgarrada franqueza de Tomasa, que llega a ser impertinente, el autoritarismo de la portera, la brutalidad de Sabas, la envidia de doña Nieves ante el éxito de otras competidoras, o el hipócrita disimulo de doña Balbina. El patético instante en que esta última, tras haber fingido la comedia del arrepentimiento, se enfrenta con dureza a su hija Daniela es un ejemplo idóneo de lo que hemos afirmado. Y, pese a todo, el perdón llega; salvo excepciones, existe esa solidaridad en la desgracia que lleva a Silverio a afirmar que «son de oro» y que posiblemente es la base en que el autor fundamenta la definitiva esperanza del drama.

## JUECES EN LA NOCHE

Estrenada en 1979, esta obra permite comprobar cómo, dentro de la evolución formal que ya hemos

apuntado y cuyos efectos serán examinados inmediatamente, existen también en la creación de Buero algunos
elementos que permanecen a todo lo largo de su
camino. El más destacado acaso sea la decisión de
abordar el tratamiento de problemas vigentes para la
sociedad de la que forma parte, como ocurría, por
ejemplo, en HOY ES FIESTA. El cambio habido en la configuración política española a partir de 1975 le permitía
ya aludir con claridad a temas como el de los efectos
del terrorismo en la vida actual, la actitud del Ejército
ante la reiteración de unos atentados de los que son víctimas sus miembros y otros semejantes, que sin duda no
habrían podido ser expuestos en los escenarios con
anterioridad a aquella fecha.

Ante la incuestionable actitud cívica que supone
encarar al público con tan palpitantes cuestiones,
extraña notablemente el coro de voces que desde la crítica se levantó, arguyendo que temas tan actuales, de
los que hablan los periódicos cada mañana y ante los
que se carece de «perspectiva», no deberían ser
expuestos en los teatros. Se llegó así a decir que «el
autor ha sido víctima de la propia actualidad», sin tener
en cuenta que el mejor arte de todos los tiempos, y por
ende también el escénico, ha aludido, de forma directa
o indirecta, a su propio entorno. Es evidente que los
planteamientos éticos que Buero ha asumido en su
labor le exigieron siempre concebir ésta como un instrumento de reflexión sobre la actitud del hombre en
cuanto individuo y en cuanto ciudadano. Por ello, nada
más coherente con su trayectoria que, cuando una
mayor libertad de expresión permitía hacerlo, él haya
querido enfrentar al público con un espejo en el que
pudiese ver reflejados, como materia susceptible de
meditación, los problemas que le acosan como colectividad, tarea que, a decir verdad, muy pocos autores
dramáticos se han atrevido a asumir hoy. Esto es lo que
quizá debiera haber sido puesto de relieve, en lugar de
insistir en la observación de algunas supuestas insufi-

ciencias en el diálogo o el lenguaje, repetidas a diestro y siniestro con una unanimidad que llevó a un lúcido observador como Isaac Montero a preguntarse si se buscaba «la defenestración» del escritor (véase su artículo «Treinta años después», *Informaciones,* 6 de noviembre de 1979).

Una crítica tan negativa hubiera hecho tambalear cualquier obra y provocado su retirada en pocos días, de no existir un público que, pese a todo y contradiciendo esquemas sociológicos apresurados, mantuvo durante dos meses un drama que puede ser calificado de cualquier cosa, menos de complaciente o conformista con los sectores ideológicos que supuestamente son los únicos que sostienen el teatro comercial en España (sobre la permanencia en cartel de JUECES EN LA NOCHE, véanse las palabras del propio Buero Vallejo en dos números de *A B C,* correspondiente al 2 de noviembre de 1979, pág. 71, y al 29 de diciembre del mismo año, pág. 43).

Puede ser que este «misterio profano» no resulte la mejor obra del autor y, a nuestro juicio, no alcanza la perfecta trabazón y coherencia de *La Fundación* y *La detonación,* las dos anteriores, pero, sin duda, posee múltiples valores y desarrolla ideas dramáticas sugeridas con antelación en obras a veces bastante lejanas. Su discurso escénico se ve fragmentado en cuatro partes (dos por acto), divididas a su vez todas ellas en dos núcleos, uno perteneciente a la vida normal y otro a la onírica del protagonista, cuyos sueños aparecen en escena al final de cada una de las partes, salvo en la primera, donde se presentan al principio y, en consecuencia, marcan el inicio de la obra.

En esas escenas nocturnas Juan Luis se ve acosado por los fantasmas que pueblan su subconsciente y, por tanto, durante su transcurso estamos dentro de su propio cerebro, del mismo modo que se nos somete a su punto de vista en los momentos en que una figura irreal, que él percibe en torno a sí cuando está des-

pierto, aparece en el escenario. Las anomalías, contra-
dicciones o absurdos que en sus sueños se producen
responden a la aparente falta de lógica que reina en la
mente del hombre mientras duerme y suponen la continuación de una experiencia teatral que fue iniciada por
Strindberg, quien dijo a propósito de su drama *El sueño:*
«el autor ha intentado imitar la forma inconexa, pero
aparentemente lógica de un sueño. Puede suceder cualquier cosa, todo es posible y probable. Tiempo y
espacio no existen. Sobre una base insignificante de
realidad, la imaginación desarrolla y teje nuevas
normas, una mezcla de memorias, experiencias, fanta-
sías liberadas, absurdos e improvisaciones. Los personajes están divididos y multiplicados..., se diluyen y se
concentran. Pero sobre ellos rige una conciencia única,
la del soñador».

Varias de estas ideas son muy importantes para comprender el drama, que, sin embargo, no se puede considerar una derivación del de Strindberg; todo cuanto
ocurre en los sueños, todo cuanto en ellos se dice surge
de la mente de Juan Luis. Por eso son vanos sus
intentos de hacer callar a las figuras que le desaso-
siegan, pues es él mismo quien las evoca y las hace
hablar: «Usted nos ha llamado.» Para comprender por
qué lo hace debemos examinar el personaje del protagonista.

Juan Luis Palacios es un político activo en la España
de hoy, que ha actuado también en la situación anterior
y ha sido incluso ministro de «su Excelencia». En el
presente, sin embargo, llega a coquetear con el socia-
lismo, con vistas a asegurarse una posición de futuro,
aunque en su juventud ha sido un estudiante de ideas
totalitarias y de comportamiento especialmente violento. Contra lo que pudiera deducirse de este resumen,
la obra no es un alegato contra el derecho a rectificar
de conducta, como queda muy claramente expuesto en
el sueño final. Lo que impide a Juan Luis comportarse
con dignidad no es su pasado, sino el hecho de que sus

modos de obrar nunca hayan cambiado. Sigue siendo un hombre corrupto, que ha aprovechado sus cargos para lucrarse personalmente y que incluso, más que exponente de una ideología extremista, es un ejemplo de cómo actuar en la vida pública sin otro objetivo que el propio medro. Para lograrlo, está dispuesto a adoptar cualquier postura y en el drama aparecerá como fascista ante un antiguo compañero de andanzas juveniles, conservador frente a un representante del gran capital, demócrata de toda la vida con una militante de izquierdas y profundamente religioso ante un sacerdote.

Este acabado representante del egoísmo humano parece un triunfador seguro de sí mismo. Sin embargo, aquí surge otra de las constantes más personales del teatro de Buero, que repetidamente plantea esta situación: quien decide hacer el mal a sus semejantes vivirá siempre bajo el peso de su culpa. Así ocurría con el Silverio de HOY ES FIESTA, permanentemente inquieto por su remordimiento, y lo mismo sucede, por ejemplo, con el Daniel de *La doble historia del doctor Valmy,* cuyo subconsciente le castiga haciéndole sufrir una pena igual a la que él infligió al detenido víctima de sus torturas, o con el Vicente de *El tragaluz,* que vuelve una y otra vez al sótano donde dejó sepultada a su familia. Como se dice en otra obra, «hay algo dentro de nosotros que no nos deja muy tranquilos cuando pisoteamos a los demás» (*Las cartas boca abajo,* parte II). Ese permanente testigo que recuerda nuestros actos es la conciencia, depositaria de unas normas procedentes de lo que, para abreviar, llamaremos una ética humanista. Y recuérdese que es «a la conciencia» a quien se dirigía Silverio en el monólogo final de la primera de las obras de este volumen.

Como Juan Luis ha decidido acallar esa voz interior y no arrepentirse de nada, parece llevar una vida normal, que, no obstante, se ve desmentida por su perceptible intranquilidad y por el fracaso de su matrimonio, fun-

dado sobre la mentira y el engaño, base sobre la que en
el teatro de Buero no se puede levantar ninguna relación humana consistente. Pero, por mucho que se la
silencie, la conciencia actúa de igual manera; si no lo
hace en la vida activa, lo hará en los sueños y éstos nos
permiten ver, en efecto, el remordimiento que le
domina. En ellos aparecen figuras que poco a poco él y
nosotros iremos identificando como sus víctimas: el
muchacho que había sido novio de su esposa, el preso
político cuya condena capital él confirmó y, en fin, la
propia Julia, tercer miembro del trío musical, cuya
muerte él intuía desde el principio, sin poder concre-
tarla con claridad.

Así, Juan Luis paga también su culpa, aun sin
desearlo, y de él podrían decirse unas palabras de otro
personaje bueriano, que constituyen casi un anuncio de
lo que JUECES EN LA NOCHE representa: «Porque en el
sueño es donde tocamos nuestro fondo más verdadero.
¡En el sueño, y no en la vida!» (*Aventura en lo gris,*
segunda versión, acto I). El protagonista está domi-
nado por una conciencia escindida entre lo que vive y
lo que sueña, y no es extraño, por tanto, que llegue a
temer ser víctima de la locura, a la que alude al principio del último cuadro. De ahí que la forma dramática,
con su equilibrio entre escenas reales y escenas oní-
ricas, sea un reflejo del tema de la obra.

Dado el sentido general de ésta, es lógico que se nos
aparezca como un juicio en que Juan Luis es a la vez
fiscal, testigo, acusado y juez. En realidad, casi todos
los dramas de Buero adoptan el esquema de un proceso, a lo largo del cual se examinan las acciones de
unos personajes que acabarán por emitir el pertinente
veredicto. Si en esta última obra el término «juez» sube
al título, el concepto podríamos verificarlo ya en otras
muy anteriores: recuérdese el auténtico proceso a que
Velázquez es sometido en *Las Meninas* o el que entabla
Amalia en busca de la verdad en *Madrugada*. En última
instancia, los personajes tienen que encararse siempre

con la responsabilidad de sus acciones o sus omisiones y muchas veces, como ocurre aquí, será el mismo reo quien se imponga el castigo.

El caso de Juan Luis Palacios se aclara, pues, al ponerlo en relación con las constantes creadoras buerianas. Lo que él ejemplifica es cómo un modo de comportamiento individual trasciende a la esfera pública y concretamente a la política. Su proceder ha arruinado su vida íntima y su matrimonio, llevando la desolación y el vacío (en los que tanto se insiste) al espíritu de Julia, que al descubrir la realidad de lo que ha sido su existencia —el drama, en efecto, se configura como el desvelamiento de un error oculto en el pasado, al modo ibseniano—, decide suicidarse. Pero la actuación de Palacios incide igualmente en el ámbito de la colectividad y en este terreno no se reflejan tan sólo sus acciones pasadas; es en el presente del drama donde lo vemos en oscuras connivencias con empresas que, desde luego, premiarán sus servicios nombrándole consejero, y, lo que aún es más grave, aparece asimismo como cómplice del terrorismo, uno de cuyos atentados puede evitar con un simple aviso que no se produce.

Su conciencia de culpabilidad en este terreno queda demostrada al final del acto primero, en que, por la interiorización a que la escena se somete en el sueño, lo vemos empuñando la pistola criminal, lo que será luego subrayado por el siniestro personaje de Ginés Pardo, un asesino utilizado por fuerzas sombrías que nunca salen a la luz: «Tú has matado conmigo porque no avisaste y porque no hablarás.»

El carácter desestabilizador que la actividad terrorista tiene en la España actual es el telón de fondo permanente de esta obra. De ella se deduce que, sean quienes fueren los autores de los atentados, éstos se convierten en actos humanamente injustificables e ideológicamente reaccionarios, que ayudan objetivamente a los sectores nostálgicos de otras situaciones diferentes a la de una democracia que, según se expone, dista de haberse consolidado: «Lo sepan o lo ignoren, eso es lo que buscan los terroristas. Padecen la mística de la sangre: una terrible enfermedad... contrarrevolucionaria.»

Éstas son algunas de las sugerencias sobre las que el autor ha querido hacer una reflexión en alta voz, para que el público y la sociedad en general mediten y obtengan sus conclusiones. En vez de un alegato simplista o panfletario, JUECES EN LA NOCHE se dibuja como una cruda y nada complaciente exposición de los problemas que existen en la vida española actual, pero con una universalidad que supere a la vez las fronteras nacionales (la obra ha sido ya publicada en versiones italiana y húngara, se acaba de estrenar en Rumania y pronto lo será en Estocolmo y Moscú). Elevándose sobre cualquier dinámica vengativa, propone explícitamente «dejar atrás» la guerra civil, porque, como se dice con frase que resume su sentido último: «La sangre derramada nos mancha a todos. Entonces y después.» O, según el propio Buero expuso en unas palabras al terminar la representación el día del estreno, que podríamos tomar por una propuesta cívica definitiva: «España tiene que ser un país de aplausos y abucheos, pero no de crímenes.»

LUIS IGLESIAS FEIJOO.

Santiago de Compostela, febrero de 1981.

## NOTA BIBLIOGRÁFICA

Mencionamos a continuación los principales libros que tratan exclusivamente del teatro de Buero Vallejo o le consagran una atención especial. Dada la enorme cantidad de artículos sobre el mismo, omitimos su relación, que puede hallarse en varias de las monografías citadas. Sin embargo, al ser casi todas anteriores a la fecha de estreno de la última obra, no incluyen lógicamente su estudio, por lo que hacemos una excepción, para mencionar los dos trabajos más interesantes a ella dedicados: Magda Ruggeri Marchetti, Prólogo a su edición de *Jueces en la noche* (Madrid, Vox, 1980), y Gregorio Torres Nebrera, «Construcción y sentido de *Jueces en la noche* de Antonio Buero Vallejo», *Anuario de Estudios Filológicos,* III, Cáceres, Universidad de Extremadura, 1980.

Bejel, Emilio: *Buero Vallejo: lo moral, lo social y lo metafísico,* Montevideo, Instituto de Estudios Superiores, 1972.
Borel, Jean-Paul: *El teatro de lo imposible,* Madrid, Guadarrama, 1966.
Cortina, José Ramón: *El arte dramático de Antonio Buero Vallejo,* Madrid, Gredos, 1969.
Doménech, Ricardo: *El teatro de Buero Vallejo,* Madrid, Gredos, 1973.
Dowd, Catherine Elizabeth: *Realismo trascendente en cuatro tragedias sociales de Antonio Buero Vallejo,* Valencia, Estudios de Hispanófila, University of North Carolina, 1974.
García Lorenzo, Luciano: *El teatro español hoy,* Barcelona, Planeta-Editora Nacional, 1975.

García Pavón, Francisco: *El teatro social en España (1895-1962)*, Madrid, Taurus, 1962.

Giuliano, William: *Buero Vallejo, Sastre y el teatro de su tiempo*, Nueva York, Las Américas, 1971.

González-Cobos Dávila, Carmen: *Antonio Buero Vallejo: el hombre y su obra*, Salamanca, Eds. Universidad de Salamanca, 1979.

Guerrero Zamora, Juan: *Historia del teatro contemporáneo*, Barcelona, Juan Flors, vol. IV, 1967.

Halsey, Martha T.: *Antonio Buero Vallejo*, Nueva York, Twayne, 1973.

Holt, Marion P.: *The Contemporary Spanish Theater (1949-1972)*, Boston, Twayne, 1975.

Iglesias Feijoo, Luis: *La trayectoria dramática de Antonio Buero Vallejo*, Santiago de Compostela, Eds. de la Universidad de Santiago (de próxima aparición).

Marquerie, Alfredo: *Veinte años de teatro en España*, Madrid, Editora Nacional, 1959.

Mathias, Julio: *Buero Vallejo*, Madrid, Epesa, 1975.

Molero Manglano, Luis: *Teatro español contemporáneo*, Madrid, Editora Nacional, 1974.

Müller, Rainer: *Antonio Buero Vallejo. Studien zum Spanischen Nachkriegstheater*, Köln, Universidad, 1970.

Nicholas, Robert L.: *The Tragic Stages of Antonio Buero Vallejo*, Valencia, Estudios de Hispanófila, University of North Carolina, 1972.

Pérez Minik, Domingo: *Teatro europeo contemporáneo*, Madrid, Guadarrama, 1961.

Ruiz Ramón, Francisco: *Historia del teatro español. Siglo XX*, Madrid, Cátedra, 1975.

Ruggeri Marchetti, Magda: *Il teatro di Antonio Buero Vallejo o il processo verso la verità*, Roma, Bulzoni, 1981.

Ruple, Joelyn: *Antonio Buero Vallejo (The first fifteen years)*, Nueva York, Eliseo Torres and Sons, 1971.

Salvat, Ricard: *Teatre contemporani*, Barcelona, Eds. 62, vol. II, 1966.

Torrente Ballester, Gonzalo: *Teatro español contemporáneo*, Madrid, Guadarrama, 1968.

Urbano, Victoria: *El teatro español y sus directrices contemporáneas*, Madrid, Editora Nacional, 1972.

Verdú de Gregorio, Joaquín: *La luz y la oscuridad en el teatro de Buero Vallejo*, Barcelona, Ariel, 1977.

# JUECES EN LA NOCHE

## MISTERIO PROFANO EN DOS PARTES

Esta obra se estrenó el 2 de octubre de 1979 en el Teatro Lara, de Madrid, con el siguiente

## REPARTO

| | |
|---|---|
| JUAN LUIS PALACIOS, *diputado* .. | Francisco Piquer. |
| JULIA, *su esposa* ................. | Marisa de Leza. |
| CRISTINA, *médica* .............. | Victoria Rodríguez. |
| GINÉS PARDO, *antiguo policía* ... | Fernando Cebrián. |
| DON JORGE, *director de empresa* . | Andrés Mejuto. |
| PADRE ANSELMO ................ | Ángel Terrón. |
| UN GENERAL ................... | José Pagán. |
| UN VIOLONISTA ................ | Pepe Lara. |
| UN VIOLONCHELISTA ............ | Enrique Navarro. |
| PEPITA, *doncella* ................ | Teresa Guaida. |
| [VOCES] | |

En la capital del Estado y en nuestro tiempo
Derecha e izquierda, las del espectador

Dirección: ALBERTO GONZÁLEZ VERGEL.
Espacio escénico: ÁLVARO VALENCIA.
Ayudante de Dirección: LORENZO ZARAGOZA.

Los fragmentos encerrados entre corchetes pueden suprimirse en las representaciones.

NOTA.—Los personajes de la presente obra son ficticios. Ninguna posible semejanza con personas reales debe entenderse como alusión a éstas.

# EL DECORADO

Un salón suntuoso, un despacho de cierta poderosa empresa, el aposento privado de un sacerdote, un rincón de café, la calle, son los lugares donde, en holgada simultaneidad espacial, podría enmarcarse la acción. En disposición más apretada y reducida, la escena sería tal vez como a continuación se describe.

En los dos laterales del primer término, dos estrechos muros algo oblicuos dejan espacio para entradas y salidas. Adosado al de la izquierda, viejo diván de café suficiente para dos personas y, ante él, mesa en la que descansan una copa de licor, una taza y un periódico. Junto a la mesa, una silla. Ante el muro del lateral derecho, pequeña mesa de despacho con su sillón y la silla que aguarda al visitante. Sobre ella, lámpara, papeles, algún libro.

El salón que ocupa el centro de la escena prolonga su piso hasta muy cerca del proscenio y se adelanta a los dos rincones laterales. Un peldaño que arranca oblicuamente de los bordes internos de los dos muros y se vuelve frontal en el centro limita su contorno. Desde los muros laterales parten hacia el fondo, algo sesgadas, las paredes del salón. En el centro de ambas, grandes puertas de doble hoja. A los dos lados del fondo del salón hay dos fajas frontales de pared; entre ellas, un enorme mirador de curvada planta al que se sube por cinco gradas rectas que se extienden a lo largo de todo el vano. Anchos ventanales separados por delgadas columnas forman el fondo del mirador. Tras ellos, la

densa negrura del cielo nocturno azulea tenuemente en
su parte inferior. En el mirador, las tres sillas de un trío
de cuerda. No hay atriles.

Un valioso tapiz de gran tamaño cubre todo el hueco
del mirador. Su borde inferior se ajusta al superior del
peldaño más bajo y oculta los otros cuatro; sus bordes
laterales se adaptan exactamente a los de las estrechas
fajas de pared. En el tapiz, abigarrada escena medieval
donde castillos, reyes, damas, guerreros en lucha, mués-
transe apiñados.

En la faja derecha del fondo y a buena altura, talla
antigua del Crucificado sobre un paramento de
damasco. En la faja izquierda, el mueble de las bebidas.

En el primer término del salón y hacia la izquierda,
veladorcito con teléfono, cigarrera y cenicero, flan-
queado por dos sillas. Cerca de él y hacia la izquierda,
algo más atrás, una butaca. A la derecha del salón y ses-
gado, tresillo. Ante el sofá, larga mesa baja con cigarrera, ceniceros y revistas. Quizá algunos otros asientos,
en sitios apropiados.

Cuadros, alfombras, no son imprescindibles. Pero la
imaginación es libre.

# PARTE PRIMERA

## I

*(Oscuridad absoluta. Un violín, un violonchelo
y una viola atacan la* Marcha *con que se inicia
—y termina— el* Trío Serenata, *en re mayor,*
opus 8, *de Beethoven. El tapiz ha desapare-
cido y, con claridad que pronto se vuelve
potente, empieza a iluminarse, de las tres sillas
que hay en el mirador, la situada a la derecha.
Hay un arco en su asiento y, apoyada en su
respaldo, una viola despide el fulgor de su
rubia madera. Segundos después el foco se
amplía y saca de la sombra a dos músicos vestidos de frac. Sentado en la silla de la
izquierda toca* EL VIOLINISTA; *en la del
centro,* EL VIOLONCHELISTA. *Pero en el aire
suena también la viola abandonada.* EL
VIOLINISTA *es un apuesto joven que aparenta
unos veinte años;* EL VIOLONCHELISTA, *de
firmes y duros rasgos, tal vez pase de los
sesenta y cinco. Los rostros de ambos ostentan
gran palidez, ojeras violáceas, boca demasiado
roja. Tras los ventanales reina una profunda
noche sin astros con levísimos barruntos de
amanecer. Van naciendo otras luces hasta que
el salón queda bien iluminado, Algo hay, no
obstante, anómalo y extraño en estas claridades. Vestidos con trajes de tarde, mientras
fuman y beben, otros personajes escuchan el
concierto desde el salón. En las dos sillas con-*

*tiguas al veladorcito del teléfono se hallan
JUAN LUIS y JULIA. Muy sonrientes, han
unido sus manos sobre la tabla. Él aparenta
unos cuarenta y cinco años, aunque acaso
tenga cincuenta. Su aspecto es agradable y
fino. Ella está en la cuarentena, pero se con-
serva bella y atractiva. La butaca del tresillo
más cercana al proscenio se halla algo vuelta
hacia éste y en ella está sentado DON JORGE:
un señor cercano a los setenta, de plateado
cabello muy cuidado y de terno impecable.
CRISTINA está sentada en el extremo más
lejano del sofá. Es una mujer de aire resuelto y
agraciada fisonomía, también en la cuarentena, que bebe de vez en cuando un sorbo de
whisky. Surca su mejilla izquierda una larga
cicatriz que la cirugía plástica ha disimulado
bastante y que apenas se nota de noche. En el
sofá se halla también EL PADRE ANSELMO:
un cura viejo, vestido de paisano y con alza-
cuello. UN TENIENTE GENERAL DEL EJÉR-
CITO, de edad madura, de uniforme y con su
rojo fajín, escucha desde la otra butaca del tresillo. En la que hay a la izquierda y no lejos del
veladorcito se encuentra, inmóvil y sentado de
perfil, GINÉS PARDO. No bebe, no fuma.
Nadie parece reparar en él y, cuando la ocasión llega, no se le ofrecen bebidas. De los presentes, es el único que viste un traje mañanero
de tonos claros. Su mirada es suave y blanda;
su expresión, grata. Podrá tener unos cincuenta años. PEPITA es la doncella: una linda
moza de uniforme negro que aguarda, en la
entrada de la izquierda, sosteniendo una bandeja de bebidas. Las dos puertas del salón
están abiertas de par en par.
La Marcha del Trío Serenata dura exactamente dos minutos. Mientras se oye, los asis-*

> *tentes cambian en voz baja comentarios elo-*
> *giosos, beben, se ofrecen cigarrillos o fuego...*
> JULIA *y* JUAN LUIS *se miran tiernamente.*
> *Concluye la* Marcha. *Aplausos y aproba-*
> *ciones. Los dos ejecutantes se levantan,*
> *saludan y vuelven a sentarse.* JULIA *intenta*
> *levantarse; su marido la retiene.)*

J. LUIS.—¿No viene ahora un Adagio?

JULIA.—¿Deliras? La pieza ha terminado.

J. LUIS.—¡Si empieza con esta Marcha!

JULIA.—Y se repite al final. *(Sacude su mano.)* ¡Suéltame! Hay que atender a los invitados.

> *(Los aplausos obligaron a los músicos a*
> *saludar de nuevo.* JULIA *se levanta y va hacia*
> *el sofá.)*

D. JORGE.—*(A su paso.)* ¡Qué hermosura, señora!

JULIA.—Gracias.

> (EL GENERAL *se levanta y besa su mano.)*

GENERAL.—[Un concierto] maravilloso.

> *(Inmóviles y sonrientes, los dos músicos ob-*
> *servan desde su altura a la concurrencia.)*

P. ANSELMO.—Ya quedan pocos hogares donde se rinda tan buen culto a la amistad.

JULIA.—Son ustedes muy amables. ¿Otra bebida?

GENERAL.—No vendría mal.

JULIA.—*(Se vuelve hacia la doncella.)* [Pepita.]

PEPITA.—[Sí, señora.]

> *(Avanza, ignora al hombre sentado del traje*
> *claro, se acerca al sofá y ofrece la bandeja.* EL
> GENERAL *y* CRISTINA *cambian su vaso vacío*
> *por otro.)*

P. ANSELMO.—¿Qué van a tocar ahora?

JULIA.—El Trío Serenata, de Beethoven.

CRISTINA.—¿No lo acaban de interpretar?

JULIA.—*(Con inocente sonrisa.)* ¿Y qué?

> *(Sorpresa disimulada de los invitados.* JUAN
> LUIS, *que la escuchaba, extiende una mano
> hacia ella.)*

J. LUIS.—Pero, Julia...

> *(Ella no le oye.)*

GENERAL.—Bueno... Evidentemente, no cansa oírlo.

> *(La doncella ha ofrecido la bandeja a* DON
> JORGE. *Éste deniega, risueño y abstraído.*
> JUAN LUIS *se levanta.* EL PADRE ANSELMO
> *se levanta y se le acerca.* JULIA *y* EL
> GENERAL *cuchichean.)*

P. ANSELMO.—Hijo mío, el cielo les ha colmado de mercedes. Pero ustedes saben devolverlas centuplicadas, como quiere Nuestro Señor.

> *(*CRISTINA *se levanta y se reúne con* JULIA *y*
> EL GENERAL.)*

J. LUIS.—Para Julia y para mí siempre es poco lo que nos atrevemos a ofrecerles. *(Mira con inquietud a los músicos.)* Y temo que, esta noche..., no todo esté en regla.

[P. ANSELMO.—¡Los músicos son excelentes!

J. LUIS.—*(Ríe y baja la voz.)* ¡Y muy caros! *(Preocupado.)* Sin embargo...]

P. ANSELMO.—Querido doctor, ni aquí ni en su clínica debe pedir imposibles.

J. LUIS.–*(Mira a los músicos.)* ¿Usted no ha observado... ninguna deficiencia?

>           *(Sonriente,* DON JORGE *observa a* JUAN
>           LUIS.)*

P. ANSELMO.–En absoluto. La velada es [aún más perfecta que otras anteriores.] ¡Digna de lo que se festeja! [¡Ahí es nada, veinte años de felicidad conyugal!

J. LUIS.–Que han pasado como un soplo...

P. ANSELMO.–Una esposa virtuosa y bella, dos hijos encantadores, excelente posición y la consulta más prestigiosa de la ciudad. Bien puede usted dar gracias a Dios.

J. LUIS.–Todos los días lo hago.

P. ANSELMO.–Lo sé.] (PEPITA *le ofrece la bandeja. Él toma un vaso.)* Gracias, hija. *(Se vuelve hacia el grupo.)* General, venga conmigo. La Iglesia tiene que decirle algo a la Milicia.

>           *(Va hacia ellos.* EL GENERAL *se adelanta y
>           ríe.)*

GENERAL.–¡La escucharé como fiel cristiano y velando las armas!

>           *(Invita al sacerdote a apartarse hacia la
>           izquierda y departen en voz baja.* PEPITA *[se
>           acerca a* JUAN LUIS *y le brinda la bandeja.)*

J. LUIS.–No, gracias.

>           *(Va a apartarse, pero la reacción de ella le de-
>           tiene.)*

PEPITA.–*(Con extraña familiaridad.)* Sí.

J. LUIS.–*(Con irritado asombro.)* ¡No!

*(Ella se aleja), deja la bandeja sobre el mueble de las bebidas y sale por la izquierda.* JULIA *y* CRISTINA, *[que bisbiseaban pendientes de ellos,] se dedican la una a la otra suaves risitas.* JUAN LUIS *va a su lado.)*

J. LUIS.—¿Te duele la cicatriz de la mejilla?

CRISTINA.—No.

J. LUIS.—Lo celebro. *(Se acerca a* DON JORGE, *[mientras ellas vuelven a sus risas.)* ¿Va todo bien?

D. JORGE.—*(Sin mirarlo.)* Depende del punto de vista.]

J. LUIS.—*(Tímido.)* ¿No tendría usted que subir al mirador?

D. JORGE.—*(Lo mira.)* ¿Yo?

J. LUIS.—A tocar la viola... No importa que no vista de frac.

D. JORGE.—[Usted se confunde.] Yo no soy músico.

J. LUIS.—Perdone, don Jorge.

*(Se vuelve y mira a* PARDO, *que sigue inmóvil. Da unos pasos hacia él.* JULIA *se ha separado de* CRISTINA *y se reúne con* JUAN LUIS. CRISTINA *va entretanto al mueble, toma otro vaso y se acerca al* GENERAL *y al sacerdote para hablar con ellos.)*

JULIA.—*(Toma con afecto a* JUAN LUIS *de un brazo.)* Están todos encantados. ¿Me das un cigarrillo?

J. LUIS.—*(Se lo ofrece y él toma otro.)* Poca gente, ¿no?

JULIA.—¿Poca? [La casa está llena.] Mira [en el jardín o] en las otras habitaciones.

J. LUIS.—No los oigo.

JULIA.—Pues arman buen barullo.

J. LUIS.—¿De qué os reíais Cristina y tú?

JULIA.—De lo preocupado que parecías.

*(Enciende en el encendedor que él le alarga.)*

J. LUIS.—¿A ti no te preocupa nada?

*(Enciende su cigarrillo.)*

JULIA.—¿Hay motivos?
[J. LUIS.—Falta un músico.
JULIA.—*(Con risueña sorpresa.)* ¿Qué dices?]
J. LUIS.—Fíjate en la viola. Abandonada [en el mirador.]
JULIA.—El tercer músico ha salido hace unos minutos. [Supongo que volverá en seguida.]

*(Bebe del vaso que traía.)*

J. LUIS.—¡Han tocado solamente dos!
[JULIA.—*(Tierna.)* Trabajas demasiado. ¿Por qué no nos tomamos unas vacaciones?
J. LUIS.—No será una de tus bromas sutiles...
JULIA.—*(Riendo.)* Me parece que el bromista eres tú. *(Él deniega.)*] Ahora regresará el tercero y volverán a tocar el Trío Serenata.
J. LUIS.—¿Por qué tienen que repetir la pieza?
JULIA.—*(Después de un momento.)* A petición de la concurrencia.
[J. LUIS.—*(Suspira.)* Algo raro está pasando esta noche.
JULIA.—Imaginaciones tuyas.] ¡Vamos, desarruga ese ceño! ¡Es nuestra fiesta! *(Se estrecha contra él, mimosa.)* Veintidós años, desde que nos conocimos en la Facultad de Medicina.
J. LUIS.—*(Sonríe.)* [¡Dios te bendiga por ellos!] Respetaré tus caprichos y te daré a cambio una sorpresa.
JULIA.—*(Burlona.)* ¿Como en todos nuestros aniversarios? [¡Ya tardabas!]

*(Les interrumpe* DON JORGE, *que los miraba y se ha levantado momentos antes.)*

D. JORGE.—*(Afable.)* Vamos a tener que irnos...
Ustedes prefieren estar solos, y se les nota.

JULIA.—¡Si aún no ha terminado el concierto!

D. JORGE.—Es verdad. ¿Cuándo vuelven a tocar el
Trío de Beethoven?

JULIA.—*(A su marido.)* ¿Lo oyes?

J. LUIS.—Y me tranquilizo. *(A DON JORGE, mientras
apaga su cigarrillo.)* Ustedes no se pueden ir antes de
que Julia reciba su sorpresa. *(Eleva la voz.)* Amigos
todos... Por favor. *(Toma a su esposa de un brazo y la
lleva al centro del salón. Los invitados se acercan.)* Julia,
delante de nuestros mejores amigos, déjame decirte:
gracias por estos veinte años de recién casados.

*(Risas.)*

[GENERAL.—¡Bravo!]

JULIA.—Gracias yo a ti, Juan Luis.

*(Se besan y abrazan. CRISTINA y EL
GENERAL aplauden.)*

[P. ANSELMO.—¡Benditos sean!]

J. LUIS.—*(Saca del bolsillo un estuchito.)* Acepta esta
pequeñez, con mi amor.

*(Resplandeciente, ella toma el estuche.)*

CRISTINA.—¿A ver, a ver?

*(Se acerca más. Los demás la imitan. JULIA
abre el estuche. No se ve lo que hay dentro.
JUAN LUIS sonríe. El semblante de JULIA se
nubla. Los demás adelantan sus cabezas para
mirar y ella mueve un poco el estuche para
facilitarlo. Todos van retirando la vista, con-
fusos.)*

P. ANSELMO.—*(Sin convicción.)* Precioso.

CRISTINA.—Ya lo creo.

*(Se aparta.)*

GENERAL.—Sí que lo es.

*(Perplejo, mira al sacerdote.* JUAN LUIS *se
inquieta.* JULIA *cierra de golpe el estuchito y
dedica a su esposo una mirada glacial. Después cruza, rápida, y sale por la derecha.)*

J. LUIS.—*(Da unos pasos tras ella.)* ¡Julia!

P. ANSELMO.—General, es ya muy tarde. *(A* JUAN
LUIS.) Gracias por la velada, hijo mío.

J. LUIS.—*(Retrocede hacia él.)* ¿Se va?

CRISTINA.—*(Seca.)* Tengo trabajo muy temprano.
Buenas noches [a todos.]

*(Se va por la izquierda.)*

J. LUIS.—*(Antes de que salga.)* El concierto va a seguir,
Cristina...

GENERAL.—Pero es tarde. ¿Le dejo en su residencia,
padre Anselmo? [Tengo el auto abajo.]

P. ANSELMO.—Dios se lo pague.

J. LUIS.—¡No se vayan todavía! Julia [está algo nerviosa, pero] vuelve en seguida. [Se excusará.]

GENERAL.—*(Le da la mano.)* Valor.

[J. LUIS.—¿Por qué?

GENERAL.—]¿Vamos, padre?

P. ANSELMO.—Usted manda.

*(Salen ambos por la izquierda.* DON JORGE *se
encamina a la derecha.)*

D. JORGE.—*(Sin detenerse.)* Buenas noches.

*(Desconcertado,* JUAN LUIS *lo ve salir por la derecha. Después va a un lado y a otro, bajo la impasible mirada de los músicos.)*

J. LUIS.—Sólo está un poco mareada... [En cuanto ella vuelva seguirá el concierto... Los que estáis por ahí, venid al salón...

*(Risotadas de gente invisible.)*

VOZ FEMENINA.—*(Entre risas.)* Decididamente, hay que irse.
VOZ MASCULINA.—*(Entre risas.)* Juan Luis está acabado.
VOZ FEMENINA.—*(Risita.)* Por eso. Aquí ya no tenemos nada que ganar.
VOCES.—*(Entre risas.)* ¡Nada! ¡Nada! ¡Está hundido!
VOZ FEMENINA.—Pues vámonos.
VOCES.—Vámonos... Vámonos...

*(Las voces se alejan y se extinguen.]* La luz *baja y la penumbra se expande. Sólo los músicos, que miran a* JUAN LUIS *fijamente, y la viola solitaria, siguen iluminados. De cara al proscenio,* JUAN LUIS *muestra su turbado rostro. Un vivo foco lo destaca. Los músicos se miran y se disponen a tocar.)*

J. LUIS.—*(Sin volverse.)* No. *(Los músicos separan sus arcos de las cuerdas. Él se vuelve hacia ellos y se acerca. La luz le sigue.)* Empiezo a entender.
CHELO.—Usted no entiende nada.
J. LUIS.—[¡Me habéis obedecido! Eso sucede a veces, por la noche.] No estoy en el salón, sino en mi dormitorio. Y ya no quiero veros. ¡Desapareced!
VIOLIN.—No es tan sencillo, amigo.
J. LUIS.—¿Amigo?
VIOLIN.—¿No recuerdas mi cara?

J. LUIS.—*(Le da la espalda, desazonado.)* ¿Quiénes sois?

CHELO.—*(Risita.)* Tres músicos.

J. LUIS.—No he visto al tercero.

VIOLIN.—Pero está.

*(Breve pausa.)*

CHELO.—*(A su compañero.)* Ya va reconociendo que no es tan sencillo.

VIOLIN.—¿Reconocerá otras cosas?

CHELO.—Le podemos preguntar. *(A* JUAN LUIS.) ¿Es usted médico?

J. LUIS.—*(Titubea, baja los ojos.)* No.

CHELO.—Exacto. *(Señala al* VIOLINISTA.) Él tampoco llegó a serlo.

VIOLIN.—Ni ella. Julia abandonó los estudios para casarse con Juan Luis Palacios.

CHELO.—*(A* JUAN LUIS.) ¿Lo recuerda? Julia y usted vivían en dos pisos de esta misma casa. [Y ella le tenía loco desde muchacho.]

J. LUIS.—*(Sombrío.)* La quería.

VIOLIN.—[Y la quieres...] Sí. Amor, nada menos. Un gusano tenaz.

CHELO.—Que devora. *(A* JUAN LUIS.) Si no es médico, díganos qué es.

J. LUIS.—No lo sé.

VIOLIN.—[Hay que ayudarlo. Eres] abogado. Te dedicaste a la política y ahora eres diputado. Todo un liberal, deseoso de volver a prestar sus servicios a la patria.

CHELO.—¿Volver?

VIOLIN.—[Tú deberías acordarte mejor que yo.] Él ya fue ministro.

CHELO.—*(Asiente.)* A las órdenes de su Excelencia.

VIOLIN.—¿Recuerdas quién era su Excelencia, [Juan Luis?]

J. LUIS.—*(Vacila.)* No.

CHELO.—*(Ríe, afable.)* [Claro, en esta noche...] ¿A que sí recuerda su más bello acto de amor? Aquel con el que empezó a ganar el cariño de Julia.

VIOLIN.—*(Con melancólica gravedad.)* Nunca olvidamos nuestras más nobles acciones.

CHELO.—Y además sucedió aquí mismo, [donde ella vivía entonces con sus padres.]

VIOLIN.—Veintiún años hace. *(Mira, intrigado, a* JUAN LUIS *y lo señala.)* [¡Cómo!] ¿Lo imaginas sucediendo [esta noche?] ¿Con la edad que ahora tenéis... los tres?

J. LUIS.—¿Los tres?

VIOLIN.—Sí. Tú estabas aquí, de visita en su casa, y te desvivías por consolarla [de la desaparición de su novio.]

> *(Momentos antes entró* JULIA *por el primer término del lateral derecho. Un foco la ilumina. Despacio e inquieta sube al salón y se sienta junto al velador del teléfono. Al mismo tiempo, los músicos se sumen en la penumbra.* JUAN LUIS *se acerca a* JULIA. *Sólo el primer término del salón sigue iluminado.)*

J. LUIS.—Julia, vamos a dar un paseo.

JULIA.—Debo estar aquí, por si él llama.

J. LUIS.—Aunque lo hayan detenido, no debes preocuparte. Puede ser por cualquier niñería. *(Se sienta a su lado.)* Están deteniendo a muchos estudiantes. No te habrás metido tú en nada...

JULIA.—Fermín no ha querido implicarme. Supongo que anda en algo, pero a mí me mantiene apartada. *(Sonríe.)* Me falta formación, dice. [Hablar sí me habla mucho... de todo. De la ignominia en que, según él, vivimos.] *(Se levanta y pasea, nerviosa.)* [Y Cristina tampoco asoma por su casa... ¿No podrías tú indagar si lo han detenido?

J. LUIS.—No sé si sacaría algo en claro...

JULIA.—¡Seguros que sí! O quizá tu padre. Sois de la situación, estáis bien relacionados...

J. LUIS.—También vosotros, Julia.

JULIA.—Mucho menos. Y mis padres están en la finca de mis tíos...] No sé qué hacer.

J. LUIS.—[Procuraré enterarme lo antes que pueda. *(Mira su reloj.)* Esta tarde ya no puede ser... Mañana temprano. *(Sonríe.)* Pero anímate, criatura.] Quizá se trate sólo de alguna precaución suya..., sin más complicaciones. *(Va a su lado y le pone la mano en el hombro.)* [¡Ea, no se hable más! Ahora nos vamos a tomar unas cañas y a distraernos un poco.

JULIA.—Si no puedo... ¿Y si llama él, o alguien? *(Él suspira.] Ella vuelve a sentarse.)* Te agradezco mucho tu compañía y tu ayuda, Juan Luis.

J. LUIS.—¿Quieres callarte? *([Pasea un poco.] Entretanto, el hombre del traje claro se levanta y se aproxima. JUAN LUIS se vuelve y lo mira, extrañado.)* Julia. Una visita.

JULIA.—*(Se vuelve y mira al desconocido.)* [No lo conozco.] *(Se levanta.)* ¿Cómo ha entrado?

GINÉS.—*(Exhibe un carnet abierto.)* [Enseñando esto.] *(Sonríe.)* Ginés Pardo, inspector de policía.

*(Ella lo mira despavorida.)*

J. LUIS.—*(Seco.)* ¿Qué desea?

GINÉS.—[Pregunto yo.] ¿Quién es usted?

J. LUIS.—Juan Luis Palacios, licenciado en Derecho. Vivo en este edificio.

GINÉS.—¿Quizá es hijo del coronel Palacios?

J. LUIS.—Exactamente.

GINÉS.—Pues le agradeceré que no ponga dificultades. *(A JULIA.)* [¿Se llama usted Julia Méndez?

JULIA.—Sí.

GINÉS.—]¿Está su [señor] padre?

JULIA.—Mis padres están fuera... [Tardarán unos días en regresar.]

GINÉS.—Lo siento. Porque tiene usted que acompañarme.

J. LUIS.—*(Da un paso hacia él.)* ¿Qué?

GINÉS.—Por favor, no se inmiscuya. [Cuando usted quiera, señorita.]

JULIA.—¿Por... qué?

GINÉS.—En la Dirección se lo dirán.

> *(Con un gemido,* JULIA *se refugia en los brazos de* JUAN LUIS.)

J. LUIS.—Calma, Julia. Déjame [hablar] a mí.

GINÉS.—Señor Palacios, yo he de cumplir con mi deber. [Vuelvo a rogarle...]

J. LUIS.—¡Y yo [le exijo explicaciones! No se puede detener a una señorita que no ha hecho nada.

GINÉS.—¡Usted qué sabe!

J. LUIS.—¡Mejor que usted! Y ahora mismo] me constituyo en su abogado. ¿Trae orden de detención?

GINÉS.—No es preciso.

J. LUIS.—*(Irónico.)* ¿No? Pues mientras no la traiga, no se llevará a la señorita.

[GINÉS.—*(Da un paso hacia él.)* ¿Pretende impedirlo?

J. LUIS.—]*(Aparta a* JULIA *y se enfrenta con el policía.)* [¡Sí!

GINÉS.—Es usted muy joven. Le aconsejo que no haga el Quijote. Poner obstáculos a la actuación policial puede costarle caro.

J. LUIS.—¿Ese es su lenguaje? Pues oiga el mío. Es usted muy joven. Le aconsejo que no se extralimite.] Y no me obligue a denunciarle o a perjudicarle.

GINÉS.—*(Sarcástico.)* ¿Usted a mí?

J. LUIS.—Yo, sí. El hijo del coronel Palacios, Medalla indivual en la Cruzada y miembro de la Casa Militar de su Excelencia... Aunque quizá no necesite recurrir a mi padre. Trabajo en el bufete de Sanz Moles. Ya sabe: fundador del partido... La nueva España no niega nada a quienes la salvaron del caos, [ni a sus familiares.] Ya me comprende.

GINÉS.—*(Molesto.)* Señor Palacios, yo le ruego...

J. LUIS.—Y yo le permito solamente que haga preguntas a la señorita en mi presencia. [Tú no temas nada, Julia. *(A* PARDO.*)* ¿Desea hacer alguna?]

GINÉS.—Antes que nada, protesto...

J. LUIS.—¡Pregunte y no proteste! ¿Qué quiere saber?

GINÉS.—*(Muy contrariado, se reprime.)* Señorita Méndez, ¿conoce usted a Fermín Soria?

(*Sobrecogida, ella mira a* JUAN LUIS.)

J. LUIS.—Di la verdad.

JULIA.—Sí...

GINÉS.—¿Son novios?

JULIA.—Salimos.

[GINÉS.—¿Nada más?

JULIA.—No entiendo.]

GINÉS.—¿No serán también... compañeros en una misma organización clandestina?

JULIA.—¡No!

GINÉS.—*(Sonríe, incrédulo.)* Soria ha sido detenido bajo la acusación de conspirar contra la seguridad del Estado. Y es él mismo quien nos ha dado los nombres de sus compinches. Entre ellos está el de usted.

JULIA.—¡No es verdad!

[GINÉS.—*(Menea la cabeza, compasivo.)* ¿No lo cree? En la Dirección se confiesa... todo. Sabemos interrogar.

J. LUIS.—También se confiesan mentiras.]

GINÉS.—*(Con tono afable, a* JUAN LUIS.) [Puede ser. Pero habrá que aclararlo.] Ya ve que no puedo dejar de llevarme a la señorita.

(JULIA *se sienta, desfallecida.)*

J. LUIS.—Sí puede. ¿Le ha imputado Soria a ella algo concreto?

GINÉS.—No debería decirlo... Él declaró que ella le ayudaba en la distribución de propaganda.

JULIA.—¡No puedo... creerlo!

J. LUIS.—*(Reflexiona por un momento.)* Julia, tal vez... le hayan quebrantado la moral... [Allí, el que parece más entero puede flaquear.

JULIA.—¿Hasta acusar falsamente?

J. LUIS.—Por acabar con ciertas presiones...

GINÉS.—*(En tono de protesta.)* Oiga, señor Palacios...]

JULIA.—¿Estás diciendo que Fermín es un cobarde?

J. LUIS.—*(Suave.)* Sólo digo que estos caballeros son muy eficaces...

> (JULIA *ahoga un sollozo y esconde el rostro en sus manos.)*

GINÉS.—*(Agrio.)* Somos eficaces porque tenemos que defender la paz de España. ¡Y la tranquilidad de todos ustedes!

[J. LUIS.—*(Conciliador.)* Permítame una pregunta. ¿Es el señor Montes su comisario?

GINÉS.—Sí.

J. LUIS.—Hablé con él alguna vez. ¿Le ha ordenado él esta detención?

GINÉS.—¡Naturalmente!]

J. LUIS.—Inspector, soy amigo íntimo de esta casa. Son personas de orden, políticamente intachables. Y me consta que Julia no ha cometido ningún delito. Quiero pedirle un favor señalado, [y no dude de que lo sabré agradecer.] Usted y yo nos vamos ahora a la Dirección. Estoy seguro de que el señor comisario me escuchará [y dejará sin efecto esa orden.] ¿Ha firmado Soria su declaración?

GINÉS.—Usted no debe preguntarme eso.

J. LUIS.—Aún no ha firmado, claro. [Las pesquisas no han concluido.] Mejor. El comisario comprenderá que no se debe [dar el escándalo de] arrestar a una muchacha de tan buena familia por una confesión nacida del temor. ¡Y en la misma casa del coronel Palacios, que la conoce desde niña! [No. Ella quedará fuera de este enojoso asunto.] ¿Me permite que le acompañe [a ver al señor Montes?]

GINÉS.—¿Dejando aquí a la señorita?

J. LUIS.—*(Ríe.)* ¡Le aseguro que no se escapará! Ya ve que tampoco lo había hecho antes de que usted viniese. [Ella es inocente.] *(Breve pausa.)* ¿Me hará ese favor?

GINÉS.—*(De mala gana.)* [Suspendiendo la detención] me la voy a jugar... Bien. Vamos en seguida, por si tengo que volver.

J. LUIS.—¡Gracias! *(A* JULIA.) Poco he de poder si no consigo que este señor no vuelva.

> [*(Ella se aproxima muy conmovida. Él la rodea con sus brazos.)*

JULIA.—*(Musita.)* ¿Qué le habrán hecho a Fermín?

J. LUIS.—No pienses en eso.

> *(Se desprende.)*]

GINÉS.—Celebraré no tener que volver, señorita.

> *(Ella lo mira y se va, presurosa, por la puerta de la derecha.)*

J. LUIS.—*(Antes de que salga.)* ¿Vamos?

> (PARDO *se dirige a la puerta de la izquierda y sale. Absorto en su recuerdo,* JUAN LUIS *no se mueve. La luz vuelve a iluminar a los músicos.)*

CHELO.—[Y el inspector no volvió, y] usted se casó al año siguiente. A Soria lo condenaron a cinco años, pero ella no quiso ni volver a citar su nombre.

VIOLIN.—Fue una oportuna y buena acción a favor de Julia. ¿Puedes recordar muchas parecidas?

J. LUIS.—Callaos. Estoy cansado.

VIOLIN.—La noche ha sido larga, pero ya apunta el alba.

J. LUIS.—*(Se vuelve y los interpela.)* ¿Quiénes sois?

CHELO.–¿No lo sabe?
J. LUIS.–No.
CHELO.–[Entonces,] tampoco nosotros.
VIOLIN.–Duerme.

> *(Ambos músicos se ponen de acuerdo con la mirada. Con los arcos sobre las cuerdas parecen dispuestos a tocar, mas no lo hacen y se quedan muy quietos. JUAN LUIS los mira con asombro y se vuelve hacia el frente, cerrando los ojos. La luz se amortigua hasta la oscuridad total. Casi inmediatamente inunda el salón una claridad distinta y natural. El mirador ha desaparecido tras el enorme tapiz. Sentadas en el sofá, JULIA y CRISTINA.)*

CRISTINA.–¿Cuándo es vuestro aniversario?
JULIA.–Dentro de ocho días. *(Sin ilusión.)* Tendremos concierto: Juan Luis ha contratado un trío muy bueno... [Tocarán piezas de Beethoven. ¿Vendrás?
CRISTINA.–No le caigo bien a tu marido.
JULIA.–Y eso, ¿qué importa?]
CRISTINA.–[Prefiero no crearte más problemas.] ¿Sigues tomando los sellos que te receté?
JULIA.–[¿Cómo no?] Apenas tengo otra cosa en que apoyarme... Píldoras y tabaco.

> *(Toma un cigarrillo de la cigarrera, lo enciende y se levanta.)*

[CRISTINA.–Tu abatimiento cederá un día, ya lo verás. Pero tienes que ayudarte a ti misma.
JULIA.–¿Cómo?

> *(Pasea y fuma.)*]

CRISTINA.–Hay exposiciones, teatros, buenos libros... Y hasta tareas apasionantes...

JULIA.—*(Lánguida.)* [Y voy, y vengo, y leo... Pero] ya nada me apasiona.

CRISTINA.—¿No querrías consultar a algún psiquiatra? Yo no lo soy.

[JULIA.—¿Me va a recetar las mismas píldoras que tú?

CRISTINA.—*(Ríe.)* Puede que sí.]

JULIA.—[Además, ya no soporto a extraños...] Te llamé a ti porque eras una antigua amiga.

CRISTINA.—¿Qué te parecería, ya que no puedes tener hijos...?

[JULIA.—¡Por una estúpida infección que me dejó inútil!

CRISTINA.—No es tan trágico. ¿No habéis pensado en] adoptar a un niño? Un niño podría llenar tu vida... [*(Baja la voz.)* Y hasta curarte.]

JULIA.—Si no es mío, no lo quiero.

CRISTINA.—¡Sería tuyo! Mucho más [de lo que imaginas. Más] que algunos hijos para sus madres.

[JULIA.—*(Se enardece.)* ¿No lo entiendes todavía? Es otra cosa lo que necesito.] *(Se acerca y se sienta en una butaca.)* [Antes de conformarme con un niño...

CRISTINA.—¿Conformarte?]

JULIA.—Una adopción significaría el adiós definitivo a otro sentimiento... que no me resigno a no experimentar.

CRISTINA.—¿Te refieres al cariño entre hombre y mujer?

JULIA.—*(Desvía los ojos.)* Suponiendo que exista.

CRISTINA.—*(Con suavidad.)* ¿Quizá es algo físico? ¿No te sientes satisfecha cuando hacéis uso del matrimonio?

JULIA.—Al principio no iban mal las cosas... Pero yo me enfrié muy pronto.

CRISTINA.—¿Por algún motivo concreto?

JULIA.—¡Qué sé yo! Me empezó a hastiar todo... y él también. [Esta vida insustancial...] *(Se levanta.)* Estos años vacíos... [No sé.] *(Pasea un poco, fumando con ansia.)* Hace mucho que dormimos en alcobas separadas.

CRISTINA.—Pero eso... ¡es muy serio! [¿Te ha llegado
él a repugnar?
JULIA.—No es repugnancia...
CRISTINA.—¿Pues qué es?
JULIA.—No lo sé.
CRISTINA.—*(Después de un momento.)* Le estarás
haciendo sufrir...]
JULIA.—Lo siento. Ya no soporto esas expansiones.

*(Una pausa.)*

[CRISTINA.—¿Y si volvieras a matricularte en la
Facultad? La medicina es a veces dura, pero siempre es
absorbente.
JULIA.—¿A mi edad? No bromees.]

*(Se acerca a la mesa, apaga el cigarrillo y
vuelve a sentarse.)*

CRISTINA.—La política sí te interesará... Tu marido es
político.
[JULIA.—No me interesa su política.
CRISTINA.—]*(Se mueve sobre el sofá para acercarse a
ella.)* [¿Y la que no es suya?]
JULIA.—*(Riendo.)* No intentes conmigo el proseli-
tismo, Tina. Toda la política es una engañifa. [La de él,
la tuya...] Aunque algunos la hagáis de buena fe.
CRISTINA.—¿A cuántas personas de derechas les
habré oído eso?
JULIA.—Yo no soy de derechas.
CRISTINA.—Claro que lo eres. Por tu posición, porque
tu marido lo es, [porque disfrutáis privilegios que otros
no tienen... Así es fácil despreciar la política, pero, al
despreciarla, también la estás haciendo.] He conocido a
muchas mujeres así. Mientras ellas juegan al póquer y
desprecian la política, sus maridos hacen la política
necesaria para que ellas puedan seguir jugando al póquer.

JULIA.—*(Molesta.)* Eres injusta [y dura conmigo,] Tina. [Conozco esos argumentos, pero no me convencen porque son toscos.] ¡Rico o pobre, todo el mundo juega al póquer, o a lo que sea!

CRISTINA.—Incluso yo misma alguna vez, ¿por qué no? [Muy de tarde en tarde, porque hay tanto que hacer que no se puede perder el tiempo.] Unas pocas pesetas, algún día, que ni enriquecen si se gana, ni empobrecen si se pierde... No unas fortunas.

JULIA.—¡Qué tontería! *(Se levanta y pasea.)* Esas fortunas que, según tú, jugamos otros...

CRISTINA.—Cada día...

JULIA.—¡Aunque sea cada día! Tampoco nos enriquecen ni nos empobrecen.

CRISTINA.—Quizá. Todo es relativo. Pero, para preservar esas fortunas y esos despilfarros, ¡cuánta política! ¿Eh?

JULIA.—*(Nerviosa y agitada.)* ¿Me llamas cómplice? Pues ya ves de qué poco me ha servido estar entre los favorecidos.

CRISTINA.—Razón de más para que te hagas preguntas. ¿No te importan las cosas tremendas que están ocurriendo?

JULIA.—¿Qué está ocurriendo? Lo de siempre. Todos van a lo suyo y nada cambiará.

CRISTINA.—También he oído eso muchas veces a los partidarios de la política de que nada cambie.

JULIA.—¡Tina, me estás ofendiendo! ¡Y me fuerzas a pensar si no me equivocaría al llamarte!

CRISTINA.—¡Ah, qué bien va esto! Te rebelas. ¡Empiezas a vivir!

[JULIA.—*(Mientras atrapa otro cigarrillo y lo enciende.)* ¿Te ríes de mí?

CRISTINA.—No.] Pero [repara en algo muy curioso:] hace veinte años no pensabas tan mal de la política.

JULIA.—*(Triste.)* Hace veinte años no pensaba nada: [era incapaz de pensar.] Y lo que me ha sucedido es que he aprendido a pensar. *(Emite una larga bocana-*

*da de humo.)* Comencé a aprender justamente por entonces.

CRISTINA.—Sumirte en la tristeza no es aprender a pensar.

JULIA.—Prefiero la tristeza a la mentira.

CRISTINA.—¿A la lucha por un futuro más justo le llamas mentira? No vale dar la espalda a los problemas que nos acosan, Julia. Y los del país también son tuyos. *(Grave.)* ¿No te preocupa nada, por ejemplo, que siga habiendo terrorismo?

JULIA.—De izquierdas y de derechas. No tenemos remedio.

CRISTINA.—Otro día hablaremos de los remedios, [pues tiene que haberlos.] ¡Y no me creas una ilusa! [A mi edad] sé, por desgracia, lo torpes que aún son muchos de los míos. Impaciencia, oportunismo, sectarismo... Inmadurez, en suma, que ya se cuidó muy bien el anterior régimen de fomentar... Pero lo que ahora urge es comprender que los desmanes del terrorismo podrían dar alas a una intentona fascista.

JULIA.—*(Se sienta junto al teléfono.)* Juan Luis dice que la situación actual es irreversible.

CRISTINA.—Si quiere decir incambiable se equivoca, porque todo cambia. Y siempre es posible un golpe de estado que nos volviese a traer unos cuantos años trágicos. *(Se levanta y va, poco a poco, a su lado.)* Lo sepan o lo ignoren, eso es lo que buscan los terroristas. Padecen la mística de la sangre: una terrible enfermedad... contrarrevolucionaria. *(Está a su lado.)* ¿Sabes que se teme otro atentado inminente?

JULIA.—¿De veras?

CRISTINA.—La izquierda ha ganado puestos en el Congreso y en los municipios. Cada vez es más difícil gobernar sin ella. Para asustar al país con el coco rojo habrá más atentados, [y después le echarán la culpa a la izquierda.] *(Se sienta junto a ella.)* Supongo que todo ello te preocupa.

JULIA.—[Tal vez. Pero] tampoco [me apasiona.] Lo siento.

CRISTINA.—¡Julia, interésate por la política, por un niño o por un perro, pero reacciona! ¡Vive!

JULIA.—*(Inmutada por la vehemencia de su amiga.)* Me vas a hacer llorar.

CRISTINA.—Perdona. Soy muy torpe a veces.

> (JUAN LUIS *entra por la puerta de la izquierda.)*

J. LUIS.—*(Expansivo.)* [¡Buenas tardes!] ¿Interrumpo?

JULIA.—No. ¿Te sientas con nosotras?

> (Se levanta y va a sentarse en una butaca del tresillo.)

CRISTINA.—*(Se levanta.)* Contigo, porque yo me tengo que ir.

JULIA.—¡No te vayas aún!

> (Golpea sobre el sofá para que se siente.)

J. LUIS.—*(Se acerca.)* [¡Claro! ¿Qué prisa tienes? Dime] cómo encuentras a la enfermita.

CRISTINA.—*(Mientras va hacia el sofá.)* Se va defendiendo.
> (Se sienta.)

J. LUIS.—¿Nada más? *(Se sienta junto a ella.)* Paciencia.

JULIA.—¿Has almorzado en el Congreso?

J. LUIS.—Sí. Pero hoy es sábado y la tarde es para ti. Iremos al café y después al cine. *(A* CRISTINA.*)* [¡A ver esa película que nos recomendaste!] *(Se da un golpecito en el pecho.)* Tengo ya las entradas.

CRISTINA.—*(Sonríe.)* Eso se llama eficiencia.

J. LUIS.—Y cariño. [Las dos cosas.]

JULIA.—Te encuentro pálido.

J. LUIS.—[Ha sido una mañana muy fatigosa. Y] no he descansado bien esta noche. Tuve una pesadilla tremenda... que he olvidado completamente.

CRISTINA.—¿Qué opináis los padres de la patria de cierto atentado inminente?

[J. LUIS.—¿Un atentado?

CRISTINA.—Todo el mundo habla de ello.

J. LUIS.—Sólo son cábalas...] ·No creo que haya que temer. La vigilancia es ya enorme.

CRISTINA.—No tanto. Tú mismo vas sin escolta.

J. LUIS.—¡Ya no soy ministro, Cristina! A los simples procuradores...

CRISTINA.—¿Diputados?

J. LUIS.—*(Fugazmente molesto.)* Perdón. Para proteger a los simples diputados no habría bastante policía. *(La mira fijamente.)* Oye: no estarás insinuando que pueden atentar contra mí...

CRISTINA.—Claro que no. Pero tú fuiste ministro en un gobierno del ilustre muerto.

JULIA.—¡Dejad ya esas cosas!

*(Toma otro cigarrillo y lo enciende.)*

J. LUIS.—Lo siento, Julia. Te estamos inquietando y no merece la pena. *(Ella se levanta y pasea. Él se interrumpe y la mira, indeciso.)* No pasará nada. [Las precauciones son tremendas y] la democracia se consolida. *(Riendo, a* CRISTINA.*)* ¡Y en eso bien podemos ir juntos tú y yo!

CRISTINA.—Sin duda. Incluso se rumorea que piensas pedir el ingreso en el Partido Socialista.

*(JULIA se detiene y los mira.)*

J. LUIS.—¡Qué disparate!

CRISTINA.—Tu última intervención en la Cámara ha sido casi una declaración ideológica.

J. LUIS.—Pero desde el ala más avanzada de mi partido. ¿Socialistas? Podría llamársenos así. En el fondo, yo siempre lo fui. Católico, liberal y socialista. ¡Toda mi vida!

CRISTINA.—¿También en tus tiempos de ministro?

J. LUIS.—*(Después de un momento.)* ¿Cuándo vamos a dejar atrás definitivamente los recelos por el pasado? Liberal era entonces, y a mí se deben importantes liberalizaciones que el ilustre muerto, como tú dices, aprobó de mala gana. *(La mira fríamente.)* Y sigo siendo tan liberal, que... no me he opuesto a que tú cuides de mi mujer en lugar de nuestro médico.

CRISTINA.—Siento no ser de tu gusto como doctora. Pero ella me llamó.

J. LUIS.—Y yo [insisto en que] lo respeto.

JULIA.—*(Seca.)* Cambiemos de conversación.

J. LUIS.—¡Y de lugar! *(De nuevo sonriente, se levanta.)* ¿Nos vamos al café? *(A* CRISTINA.*)* Es nuestro antiguo café de estudiantes, ¿sabes? A Julia se le ha antojado volverlo a frecuentar [y yo la acompaño cuando puedo. A ella le gusta] porque ahora es muy tranquilo. [Está de capa caída y] no va casi nadie. Yo creo que ni la policía... [Aquella alegría, aquel bullicio de entonces, pasó para él.

CRISTINA.—Todo pasa.

J. LUIS.—Así es.] *(A* JULIA.*)* Nos vamos cuando tú digas. *(A las dos.)* Porque supongo que la consulta ha terminado...

CRISTINA.—Desde luego. *(Se levanta.)* [Y yo me marcho.]

JULIA.—[No. Quédate, porque] la consulta no ha terminado aún. *(A* JUAN LUIS.*)* Me reuniré allí contigo dentro de un rato.

J. LUIS.—*(Se le nubla el rostro.)* A tu gusto. Adiós, Cristina. Cuídamela.

> *(Le da la mano. Va luego hacia su esposa e insinúa levemente la intención de besarla.*

*También muy levemente, ella aparta la ca-*
*beza.)*

JULIA.—Hasta luego.

*(JUAN LUIS baja el peldaño del salón y se*
*sienta en el diván del café. Allí se engolfa en la*
*lectura de un periódico que había sobre la*
*mesa y bebe de vez en cuando de su taza. Nace*
*una suave claridad que lo mantiene visible.)*

CRISTINA.—No has querido que te bese.

JULIA.—*(Va a sentarse junto al teléfono.)* ¿Qué más da?

[CRISTINA.—*(Se acerca.)* Es una lástima que estéis así,
porque él te quiere. ¿No te conmueve su afecto?

JULIA.—Tal vez sí, en los primeros años. Ahora, no.
¡Ya no, Tina! ¡Es imposible! Es imposible conmoverse.]

CRISTINA.—*(Vuelve a sentarse junto a ella.)* ¿Conque
volvéis a nuestro café?

JULIA.—*(Desvía los ojos.)* Sí.

CRISTINA.—Siglos hace que no lo piso. ¿Te acuerdas
de nuestra pandilla de Medicina?

JULIA.—Claro.

*(Una pausa.)*

CRISTINA.—*(Lenta.)* ¿Y de Fermín?

JULIA.—*(Se esfuerza en dar un tono trivial.)* También,
naturalmente.

CRISTINA.—Desde su detención no nos habíamos
vuelto a ver tú y yo.

JULIA.—Como desaparecisteis todos...

CRISTINA.—*(Sonríe.)* Entonces había motivos.

JULIA.—Después, Juan Luis y yo nos hicimos novios...
Era otra vida, otros ambientes... *(La mira.)* No te
estarás preguntando si he visto a Fermín... Supongo que
saldría un día en libertad, pero no me buscó. Ni yo a él,
por supuesto... Lo que me extraña es que su nombre no

haya sonado ahora en la política. Quizá la abandonó.
¿Tú sabes algo de él?

CRISTINA.—*(Que ha escuchado sus palabras con asombro.)* Luego no sabes nada... No te sorprenda que su
nombre no suene. Fermín murió hace... *(Lo piensa.)*
dieciocho años.

JULIA.—*(Demudada.)* ¿Qué... dices?

CRISTINA.—Es ya historia antigua. Espero que no te
afectará demasiado. A los tres a cuatro años de prisión
organizaron un plante y la represión fue muy dura. A
Fermín lo apalearon... y se les fue de las manos.
*(Silencio. Con la respiración entrecortada y turbadísima,*
JULIA *baja la cabeza.* CRISTINA *le toma una mano.)* No te
tortures por ello. Son las cosas que pasan. *(Se levanta.)*
Ahora sólo debes ocuparte en salvar tu matrimonio...
*(Le pone una mano en la cabeza.)* O en emprender una
vida nueva, sin pensar ya en Juan Luis... ni en Fermín.
Aún eres joven. *(Retira la mano, suspira y mira su reloj.)*
Llámame cuando quieras.

> *(Se va por la puerta de la izquierda, cerrán-
> dola.* JULIA *oculta su rostro en las manos y
> gime sordamente. Segundos después alza la
> cabeza, se levanta y retoca maquinalmente su
> cabello. Crece la luz en el rincón del café.*
> JULIA *recoge su bolso de algún asiento, baja el
> peldaño del salón y mira a su marido. Alza él
> los ojos del periódico y se levanta. Ella va a su
> lado. Se sientan.)*

J. LUIS.—He pedido tu licor.

JULIA.—Gracias. *(Bebe un sorbo.)* Qué poca gente.

J. LUIS.—Y eso que es sábado. *(Breve pausa.)*

[JULIA.—En estas mesas nos sentábamos los de Medicina. Tú te sentabas en aquellas del fondo, con tus compañeros de Derecho.

J. LUIS.—*(Sonríe.)* Y ahora estamos en la misma.] ¿Te
cuento novedades? Son importantes.

JULIA.—*(Sin mirarlo.)* Dime.

J. LUIS.—[Don Jorge me aseguró ayer que, antes del próximo ejercicio,] me van a nombrar consejero de Indelecsa. Recordarás que defendí en las Cortes la concesión de licencias para ésa y otras sociedades... La nación necesita desarrollarse y lo hice sin otras miras. Pero ahora me lo quieren agradecer.

JULIA.—*(Distraída.)* ¿No te comprometerá a nada?

J. LUIS.—Desde luego, a nada inmoral. Pero es un gran paso para mí. [La fuerza de esa Empresa es inmensa. Están cubriendo la península de factorías, y hay no menos de doscientas en todo el mundo.

JULIA.—¿Necesitas realmente ese nombramiento?

J. LUIS.—No por el dinero; tenemos bastante. Pero] las decisiones de la alta política no se pueden tomar ignorando los grandes poderes económicos. Si vuelvo a ser ministro, mi vinculación a esa Empresa lo va a facilitar mucho.

JULIA.—¿Otra vez ministro?

J. LUIS.—Soy un político, Julia.

JULIA.—Ya lo sé. No eres un científico, ni un artista, ni siquiera un honrado mecánico. Eres un socialista... moderado.

J. LUIS.—*(Riendo.)* ¿Estás de broma?

JULIA.—*(Riendo.)* Tal vez... Tal vez.

J. LUIS.—*(Deja de reír y le toma una mano.)* Julia. *(Ella lo mira.)* ¿Por qué esa aspereza? Fui ministro por ti...

JULIA.—¿Cómo?

J. LUIS.—Todo lo que hago, por ti lo hago. Para que seas feliz, [para que tengas cuanto se te antoje] y [para que]... me quieras un poco. *(Con la voz velada.)* No pretendo molestarte ni disgustarte, pero... ¿no querrías ser piadosa conmigo y abrirme otra vez la puerta de tu alcoba? [(JULIA *desvía la vista, muy afectada.)* ¡Para ti es también lo mejor, compréndelo! *(Ella deniega, entristecida.)* ¿No? Dime entonces qué puedo hacer por ti. Cuando te veo tan abatida, se me deshacen las entrañas...] *(Pero ella no le atiende. Hace unos instantes*

*que está mirando a la derecha de la escena. Después de*
*mirar a su vez, él la interpela.)* ¿Qué te pasa?

JULIA.—No es posible.

J. LUIS.—¿El qué?

JULIA.—En la mesa del fondo. Mira con disimulo.
Aquel hombre... con un mozalbete a su lado. (JUAN
LUIS *mira con recato.)* ¿No es él?

J. LUIS.—¿Quién?

JULIA.—El policía que vino a detenerme.

J. LUIS.—*(Inconvincente.)* No creo...

JULIA.—¡Es él!... Ahora se va el muchacho.

J. LUIS.—No me parece él.

JULIA.—¡Lo es, [lo es!...] ¡Y nos ha visto!

J. LUIS.—Se levanta.

JULIA.—Viene hacia acá.

J. LUIS.—No lo mires.

> *(Luciendo ahora unas gafas discretamente*
> *ahumadas,* GINÉS PARDO *aparece por la*
> *derecha del primer término y se detiene, son-*
> *riente. Ellos fingen no verlo. Él cruza y se les*
> *planta delante.)*

GINÉS.—¿Me disculpa, señora?

[JULIA.—*(Volada.)* ¿Qué desea?

GINÉS.—]Quizá no le sea grata mi presencia. Tampoco a mí me agrada el recuerdo de aquel tiempo. Por
eso me salí del Cuerpo hace muchos años. *(A* JUAN
LUIS.) ¿Te acuerdas de mí, Palacios?

J. LUIS.—*(Frío.)* Ginés Pardo.

GINÉS.—*(Ríe.)* ¡El mismo, aunque más viejo! ¿Me
permites?

> *(Se sienta en la silla sin aguardar respuesta.)*

JULIA.—¿Ustedes se tutean?

GINÉS.—*(Risueño.)* Nos hicimos algo amigos después
de aquel deplorable incidente. [*(A* JUAN LUIS.) ¿No te
importará que lo siga haciendo?]

J. LUIS.—Creí que no vivías en Madrid.

GINÉS.—Llegué ayer para hablar contigo.

J. LUIS.—¿Conmigo?

GINÉS.—Pensaba llamarte esta tarde y el azar me hace encontrarte... Verás. [Ahora me dedico a los negocios y] me han asegurado que tú tienes mucha mano en Indelecsa. Yo querría una entrevista con su director para ofrecerle un buen asunto.

[J. LUIS.—¿Qué asunto?

GINÉS.—Como intermediario quiero proponerle] la adquisición de un terreno ideal en el sur para una de sus nuevas factorías. Pero no quisiera aburrir a tu esposa... Si puedo visitarte mañana [a alguna hora,] te lo explico mejor.

J. LUIS.—¿Por qué no has escrito [directamente] a Indelecsa?

[GINÉS.—No podía hacer una oferta en firme porque la venta de la finca aún no está decidida. Pero conviene adelantar gestiones y tener un buen valedor, como tú, para acercarse a esos señores. Si nadie me presenta, no me recibirán.

J. LUIS.—Podías haberme escrito a mí antes de venir a verme.]

GINÉS.—*(Ríe.)* ¡Los negocios no se resuelven así, hombre de Dios! Hacen falta los contactos personales [y no perder días con cartitas.] ¿Me recibes mañana? Como es domingo estarás menos ocupado. Y es urgente.

*(Se están mirando fijamente.)*

JULIA.—Mañana pensábamos salir al campo... [Mi marido necesita descansar.

GINÉS.—Siendo así...]

J. LUIS.—*(A JULIA.)* Puedo recibirle temprano.

*(Ella lo mira, asombrada.)*

GINÉS.—¡Me bastarán veinte minutos!

J. LUIS.–A las diez entonces.

GINÉS.–Gracias. *(A* JULIA.*)* [No les estropearé la excursión.] Yo que ustedes, me habría ido hoy. ¿Cómo se les ocurre pasar el sábado en un cafetucho como éste?

JULIA.–¿Por qué no?

GINÉS.–[Menos mal que está desierto. Pero] en estos tiempos ningún lugar público le conviene al señor Palacios. *(A* JUAN LUIS.*)* Por lo menos, te estará esperando fuera tu escolta...

JULIA.–¿Cree que la necesita?

GINÉS.–O sea, que no la tiene. ¡Qué error! No es que vaya a pasar nada, [señora. No se inquiete.] Pero un ex ministro debería tomar precauciones.

[JULIA.–Señor Pardo, yo le ruego que hablemos de otra cosa.

GINÉS.–Disculpe mis manías de viejo sabueso. *(Riendo.)* ¿Me permiten que les invite a una copa?

JULIA.–Nos íbamos ya. Gracias.

GINÉS.–Entonces desaparezco.] *(Se levanta.)* Encantadísimo, señora. *(Le besa la mano.)* Hasta mañana, Palacios. ¡Qué casualidad, encontrarnos aquí! Me alegro mucho, mucho, de volverte a ver.

> (JUAN LUIS *se levanta y se estrechan la mano.)*

J. LUIS.–Lo mismo digo, Pardo.

GINÉS.–Buenas tardes.

> *(Sale por el primer término izquierdo.* JUAN LUIS *se vuelve hacia la izquierda y mira con insistencia.)*

[JULIA.–Tiene razón. Podría dispararte alguien desde la calle. ¡O aquí dentro!

J. LUIS.–*(Sin dejar de mirar, murmura.)* No él, desde luego.

JULIA.–No hablo de él.

J. LUIS.—*(Relajado, se vuelve hacia ella.)* Él se ha dado a conocer. No es sino otro de los muchos que nos piden favores... *(Inseguro de nuevo.)* Eso debe de ser. Sin embargo... *(Reflexiona.]* JULIA *intenta beber un sorbo. Tiembla horriblemente y no puede.)* [¡Calma,] Julia! [Te digo que no hay nada que temer.

JULIA.—No temo.

J. LUIS.—]¡Estás temblando!

[JULIA.—No es miedo.

J. LUIS.—¿Cómo que no?]

JULIA.—¡Es horrible! Como si no hubieran pasado los años... [Me siento mal.

J. LUIS.—¿Traes tus píldoras?

JULIA.—No.]

J. LUIS.—Vámonos [a casa.]

*(Va a levantarse.)*

JULIA.—*(Lo detiene.)* [Aún no. *(Breve pausa.)*] ¿Cómo llegaste al tuteo con ese hombre?

J. LUIS.—[Empezó él. Es descarado. Y] después de aquel favor, tuve que ser amable... Me fue útil un par de veces en asuntos del bufete... Historia vieja.

JULIA.—*(Destemplada.)* ¿Vieja? ¡Es nuestra historia y está espantosamente viva!

J. LUIS.—[Por favor,] Julia. Te van a oír.

JULIA.—Tan viva que, [aunque es imposible,] si ahora se abriese esa puerta y entrase alguien que está muerto desde hace muchos años, no me sorprendería... [El mal sueño habría terminado.]

J. LUIS.—*(Inquieto.)* [¡Julia,] no pienses disparates! *(Ella intenta beber de nuevo.* JUAN LUIS *le sujeta las manos para ayudarla.)* ¡Estás descompuesta!

JULIA.—*(Después de beber.)* No es para menos. Hoy me he enterado de algo que ignoraba y ahora reaparece ese indeseable. ¡Demasiado en un solo día!

J. LUIS.—Por favor, cálmate.

JULIA.—¿Sabías tú que él había muerto?

J. LUIS.—*(Cauto.)* ¿Quién?

JULIA.—Tú sabes de quién hablo.

[J. LUIS.—¿De Fermín?

JULIA.—]Murió apaleado en la cárcel. ¿Lo sabías?

J. LUIS.—Me llegó el rumor. ¿Ha sido Cristina quien te lo ha dicho?

JULIA.—Sí.

J. LUIS.—Con franqueza, Julia: no me gusta nada esa mujer. ¿De qué tiene ese navajazo en la cara?

JULIA.—No se [lo he preguntado. ¿Es un navajazo?

J. LUIS.—Seguro. ¿Lo tenía ya entonces?

JULIA.—No.

J. LUIS.—¿Crees que puede aliviarte una doctora que te ha dado hoy ese golpe bajo?

JULIA.—No es un golpe bajo.

J. LUIS.—Como quieras. Yo, por lo menos, sí te ayudaré en lo que pueda. No volveremos a este café.

JULIA.—*(Irónica.)* ¿Tienes miedo?

J. LUIS.—Sólo a tus malos recuerdos. *(Le toma una mano.)* Olvídalos... Serénate... La película te quitará el mal sabor de boca. ¡Y ya verás en la cena con los Almarza! Él es genial contando chistes.

JULIA.—Y mañana, lo mismo. Películas. chistes, cenas, partidas de bingo...

J. LUIS.—*(Firme.)* ¡Y todo lo que quieras, Julia! Todo lo que pidas.

JULIA.—]¿Por qué no me dijiste que él había muerto?

J. LUIS.—Procuro evitarte todo lo que te pueda entristecer. Yo no soy como Cristina.

JULIA.—¿Entristecerme? ¡No sabes lo que dices! ¿Entristecerme por la muerte de aquel farsante? *(Ríe.)* ¡Eres un pobre bobo! *(Ríe.)* ¿Sabes por qué me gustaría verle entrar por esa puerta? *(Ríe, pero le tiembla la voz.)* Pues porque... porque... podría decirle al fin: ¡cobarde! *(Llora.)* ¡Cobarde! Creía en ti y mataste mi alma... Y ahora estoy tan muerta como tú...

*(Por unos instantes, cortinas.)*

Escena de *Jueces en la noche*. Representación del 3 de octubre de 1979

*Foto Cifra*

## II

(*Luz diurna en el salón. Las dos puertas, cerradas. Con un vaso de* whisky *en la mano,* JUAN LUIS [*mira al frente. A poco vuelve la cabeza a la izquierda para escuchar. No oye nada y se tranquiliza. Gira lentamente y contempla el tapiz. Bebe. Un observador sagaz podría notar en su bolsillo derecho cierto discreto bulto. Se acerca al tapiz y acaricia suavemente sus bordados mientras lo recorre hacia la derecha. Se detiene y lo golpea con los nudillos. El sordo ruido de la pared le responde. Se pasa la mano por la frente; vuelve a beber. Al levantar la cabeza, se fija en el Crucificado. Golpecitos en la puerta de la izquierda.* JUAN LUIS *se vuelve, tenso, y adelanta unos pasos.*)

J. LUIS.—(*Con los ojos fijos en la puerta.*) ¡Adelante!

(*Entra* PEPITA.)

PEPITA.—Un señor que dice estar citado... No ha dado su nombre.
J. LUIS.—Pásalo aquí.

(PEPITA *sale y deja pasar a* GINÉS PARDO, *cerrando después la puerta.*)

GINÉS.—(*Muy sonriente.*) ¿Qué tal desde ayer?
J. LUIS.—Muy bien. ¿Y tú?

GINÉS.—¡Al pelo! ¡Oye, vives como un rey! La casa ha ganado mucho. ¿Qué bebes?

J. LUIS.—*Whisky.* ¿Y tú?

GINÉS.—Ponme otro.

(JUAN LUIS) *va al mueble de las bebidas sin perder de vista a* PARDO.)

[J. LUIS.—¿No te sientas?

*(Deja su vaso sobre el mueble.)*

GINÉS.—Gracias.

*(Cruza y se sienta]* en *el sofá.* [JUAN LUIS *prepara su* whisky.)

J. LUIS.—¿Me explicas tu asunto?]

GINÉS.—¡En dos palabras! Es una dehesa en Bodil, [ese pueblecito del sur. No muy buena tierra, pero] seiscientas hectáreas. Uno de los dos propietarios vive en ella y hay que convencerle de que venda. Accederá, porque están tronados. El río pasa al lado y tiene mucho caudal. Hay ferrocarril en el pueblo y, a treinta y dos kilómetros, el puerto de mar. ¡La ocasión es única!

J. LUIS.—¿Y el precio?

GINÉS.—El mayor de los hermanos se aviene a no subir de cincuenta millones. Una ganga.

[J. LUIS.—¿Mucho hielo?

GINÉS.—Un cubito y poca agua.] *(Confidencial.)* A Indelecsa se le pueden pedir sesenta; de todos modos es un regalo. Cuatro para ti y seis para mí. [¿Me preparas la entrevista?]

J. LUIS.—¿Quiénes son los dueños?

GINÉS.—*(Riendo.)* Eso, más tarde... [Escucha:] yo me voy para allá hoy [mismo] con el hermano mayor [y el viernes estoy de vuelta.] Si me recibes el viernes a las ocho y media te confirmo lo que haya y tú me dices cuándo vamos a Indelecsa.

J. LUIS.—*(Recoge su vaso y le lleva el* whisky.) ¿Dónde te alojas?

GINÉS.—El hermano mayor se ha empeñado en tenerme en su casa. *(Toma el vaso.)* Gracias.

> *(Bebe.* JUAN LUIS *se sienta en la butaca contigua.)*

J. LUIS.—[No sé si podré recibirte] el viernes [a esa hora.] Tal vez tenga comisión en las Cortes. Dame el teléfono de ese señor y te llamo.

GINÉS.—¡No te molestes tú, hombre! Puede que yo llegue a las cinco. Llamo y que me digan de tu parte si puedo venir a las ocho y media; antes no quiero importunarte. [Oye, este *whisky* es sensacional.]

J. LUIS.—*(Sonríe.)* ¡Cuánto misterio! [Debe de ser un resto de tus antiguas costumbres.] No sueltas dónde vives, no das el teléfono...

GINÉS.—*(Ríe.)* Sí. Es ya una segunda naturaleza. Por ejemplo, al entrar me he dado cuenta [en seguida] de que [en la calle y] en la casa tampoco tienes protección.

J. LUIS.—Ya te lo dije.

GINÉS.—*(Con inocente sonrisa.)* Sin embargo, llevas pistola. Y haces bien. (JUAN LUIS *se palpa involuntariamente el bolsillo.)* [¡La vieja manía de observar!]

J. LUIS.—Suelo llevarla...

GINÉS.—Me alegro. [Te repito que] no hay que confiarse. *(Suspira.)* Yo, en cambio, [hace] ya [muchos años que] no la llevo. *(Se abre la chaqueta.)* ¿Lo ves? [Se acabó la aventura, el riesgo...] Se vive mejor de los negocios. Bueno, no quiero entretenerte. ¿Vengo el viernes?

J. LUIS.—[Espera...] Vamos a hablar despacio.

GINÉS.—No será de los viejos tiempos...

J. LUIS.—¿Por qué no? [Quizá creas que ya no soy tu amigo, pero] siempre te he recordado con afecto.

GINÉS.—Como yo a ti.

J. LUIS.—Con absoluta franqueza, Ginés. Aunque no te he vuelto a ver desde que dejaste la policía, siempre he estado al tanto de tus andanzas. En el Ministerio del

Interior me facilitaban informes, y yo [los interpretaba incluso mejor que ellos porque, conociéndote,] sabía relacionar pormenores que allí no conectaban. *(Se inclina hacia él.)* Sé muy bien a qué te has dedicado todos estos años.

GINÉS.—*(Muy atento, saca una cajetilla.)* ¿Quieres?

J. LUIS.—Dejé de fumar [hace años.] No hay que dar facilidades al infarto.

GINÉS.—*(Enciende.)* [Supongo que] te refieres a servicios especiales...

J. LUIS.—Pero no del Estado.

GINÉS.—Organizaciones de ultraderecha, policías paralelas del exterior... ¿Eh? Ya ves que también yo te soy franco. Pero eso no puede extrañarte. Hubo un tiempo en que lo aprobabas.

J. LUIS.—¿Crees que ya no lo apruebo? Ahora todos tenemos que jugar esta partida miserable de la democracia, pero con la esperanza de recobrar un día la España verdadera. [Y si para ello hay que llegar a la violencia, Dios nos perdonará.

GINÉS.—Me sorprende que sigas pensando así. Tu actual imagen pública es la de un catecúmeno del liberalismo.

J. LUIS.—Hemos tenido que descubrir esta amarga verdad: cuando la libertad es mayor hay que ser más hipócritas.

GINÉS.—*(Reflexiona un instante.)* No has debido hablarme así.

J. LUIS.—Somos amigos.

GINÉS.—No voy a descubrirte. Sabes que te he sido leal siempre. Pero] siento decirte que ya no comparto tus puntos de vista.

J. LUIS.—¡Eran los tuyos!

GINÉS.—Ya no. Desengáñate: hay que adaptarse a la nueva situación, porque es irreversible. Por eso he dejado la vida aventurera por los negocios.

J. LUIS.—No hay tales negocios. *(Se levanta y pasea.)* Aquí nadie te recuerda. [Ni siquiera en la Dirección de

Seguridad saben ya gran cosa de ti.] Pero yo me he procurado informes privados. Y sé que, en los dos últimos asesinatos del norte, tú estabas cerca. (PARDO *se sorprende un tanto.*) Como ves, estoy bien enterado. Te podría hablar también [de asaltos a Bancos, a cuarteles,] de alijos de armas... y hasta de tus actuaciones en el extranjero. ¿Quieres datos?

[GINÉS.—*(Suave.)* Ni siquiera voy armado...

J. LUIS.—Porque tú ya no ejecutas. Tú organizas.]

GINÉS.—¿Estás loco?

J. LUIS.—[Sé lo que digo y no has cambiado; te conozco.] *(Se acerca y baja la voz.)* La muerte que estremeció al país entero hace un año, aquí en Madrid, tenía tu sello. Y ahora *(Se sienta.)* que todos temen otra muerte parecida, llegas tú.

GINÉS.—Para hablar contigo...

J. LUIS.—No. Nuestro encuentro fue casual. Pero notaste que te reconocíamos y decidiste saludarnos e inventar toda esa historia de la dehesa en venta para que yo no sospechara.

[GINÉS.—*(Riendo.)* ¿Iba yo a venir exponiéndome a que algún viejo compañero del Cuerpo me reconociese?

J. LUIS.—Tú sabes disimularte bien. Y si estabas obligado a venir...]

GINÉS.—*(Se levanta.* JUAN LUIS *lo imita.)* Juan Luis, la política te está volviendo un paranoico. *(Pasea.)* Si crees que he venido a tumbar a alguien, ¿a qué me hablas de ello? ¿No habría sido más cómodo para ti no darte por enterado?

J. LUIS.—Te hablo de ello para prevenirte.

GINÉS.—*(Con impaciencia.)* ¡Si no voy a hacer nada!

*(Se sienta junto al teléfono.)*

J. LUIS.—Eso deseo. Y no porque desapruebe acciones como ésa...

GINÉS.—Pues te deberían repugnar. Porque, en tu delirio, no habrás supuesto que se trataría de suprimir a un capitoste de la canalla, sino a un patriota respetable y significado.

J. LUIS.—Repugnante, sí. Pero quizá inevitable. [Algo que parezca ejecutado por revolucionarios,] y que acaso lo lleven a cabo verdaderos fanáticos de la extrema izquierda..., porque en sus organizaciones hayan sabido infiltrarse hábiles agentes como tú.

*(Se sienta a su lado.)*

GINÉS.—*(Ríe.)* ¡Mejor que una película de espionaje!

J. LUIS.—Y más peligroso. [Suspéndelo todo y esfúmate. Si no,] te atraparán.

GINÉS.—*(Frío.)* ¿Por una denuncia tuya?

J. LUIS.—Si pensara en denunciarte, no te habría prevenido. Pero el gobierno ya no puede tolerar más muertes si quiere sostenerse. Y sé muy bien que el despliegue de precauciones es descomunal. [No podrás hacer nada. Y si lo logras, no escaparás.] Te lo advierto como amigo: abandona.

GINÉS.—No me hagas reír. Aunque todo el disparate que imaginas fuera cierto, no creería en tan rigurosas medidas. Nunca son tan eficientes mis antiguos compañeros, entre otras razones porque algunos no quieren serlo. ¿Precauciones enormes? Ni siquiera te han puesto a ti protección. [El que quiera cometer esa barbaridad, si conoce su trabajo, se saldrá con la suya.]

*(Breve pausa.)*

J. LUIS.—*(Con una débil risa.)* No es posible.

GINÉS.—¿El qué?

J. LUIS.—¿Sería yo acaso la víctima designada?

GINÉS.—*(Ríe a carcajadas.)* ¡No hay duda de que has perdido el juicio! *(Le oprime un brazo.)* Escucha, tonto: yo tampoco te habría recomendado una escolta en ese caso. Y si alguien cayese un día de estos..., no creo que fueses tú, a pesar de las facilidades que das. Por tu muerte no se iba a sublevar nadie.

*(Retira su mano.)*

J. LUIS.—No lo hagas.

GINÉS.—[¡Tranquilo, hombre! ¿Crees que,] si yo tuviese ese propósito, iba a intentarlo sabiendo que tú sospechabas? [Debería retrasar el plan, cambiar de gente... *(Muerto de risa.)* Conque no temas por mí.]

J. LUIS.—Excepto si es tarde para retroceder; [excepto si crees contar con una retirada segura; excepto si tu natural aventurero te hace afrontar el riesgo, ya que siempre hay riesgos.]

GINÉS.—*(Seco.)* Vamos a dejarlo. *(Mira su reloj y se levanta.)* El viernes llamo y, si no hay contraorden, te vengo a ver a la noche. Lo quieras o no, ahora me dedico a los negocios. Confío en que Indelecsa razone mejor que tú y no se pierda el chollo. Adiós.

*(Va hacia la puerta y se detiene al oír a* JUAN LUIS.*)*

J. LUIS.—Estás perdido... No digas mañana que no te avisé.

GINÉS.—*(Molesto, vuelve a su lado.)* Oye, mentecato, [te estás pasando. Espero que] no se te habrá ocurrido chivarte para que me sigan ahora los pasos [y que tampoco lo harás cuando vuelva el viernes. No] sería [más que] una pérdida de tiempo y harías el ridículo... *(Sonríe.)* Pero no. Tú no harás nada contra mí de lo que yo pueda enterarme. Porque me forzarías a romper la lealtad que siempre te tuve... y a revelar algunas cosas...

J. LUIS.—¡Ginés!

GINÉS.—No. Tú no harás nada contra mí. *(Le golpea el brazo con afecto.)* ¡Despierta! Estás soñando absurdos. ¡Hasta el viernes!

>           *(Le tiende la mano, al tiempo que se abre la puerta de la derecha y entra* JULIA.*)*

JULIA.—Disculpen...

GINÉS.—Les deseo un buen día de campo, señora. Yo ya me voy.

JULIA.—*(Toca un timbre.)* Precisamente venía a recordar a Juan Luis que aún hemos de oír misa...

J. LUIS.—Nos vamos en seguida.

>           *(Se abre la puerta de la izquierda y entra* PE-PITA.*)*

[PEPITA.—¿Han llamado los señores?]

JULIA.—Acompaña al señor a la salida.

GINÉS.—*(Se inclina.)* Señora...

JULIA.—Buenos días. (PEPITA *se aparta para dejar salir a* PARDO *y sale tras él, cerrando. Una pausa.* JULIA *enciende un cigarrillo.)* ¿Qué quería ese hombre?

J. LUIS.—Ya lo sabes. Una cita con don Jorge.

[JULIA.—¿Nada más?]

J. LUIS.—*(Va a sentarse al tresillo.)* [No hemos hablado de lo de entonces, si te refieres a eso. Ha estado muy discreto.]

JULIA.—Te lo pregunto porque te veo nervioso.

J. LUIS.—Figuraciones tuyas.

>           *(Inquietas, sus manos se frotan entre sí.)*

JULIA.—*(Se sienta.)* Puedes callártelo. [Al fin y al cabo,] no es que me importe.

J. LUIS.—Son preocupaciones normales. ¿Querías ir a la sierra? [Yo tenía un almuerzo de trabajo, pero lo puedo cancelar.]

JULIA.—No [me apetece.] Ayer le hablé a ese hombre de la excursión por si no querías recibirlo.

J. LUIS.—*(Mira su reloj.)* Gracias. ¿Vamos entonces a misa?

JULIA.—Discúlpame... Ya sé que te molesta. No estoy de humor para esa ceremonia. [Y además espero visita.]

J. LUIS.—*(Se levanta y se acerca.)* No estás de humor para nada... Pero, si no le pides a Dios que alivie tus penas, ¿cómo te ayudará?

JULIA.—*(Se ha levantado al verle venir y se aleja paseando.)* Cambiemos de tema.

J. LUIS.—*(Tras ella.)* Estás perdiendo la fe. Y así, tu soledad es aún mayor que la mía.

JULIA.—¿Tú te sientes solo?

J. LUIS.—Sabes que sí.

JULIA.—Pero te consuelas fácilmente.

J. LUIS.—No te entiendo.

JULIA.—*(Ríe.)* Me refiero a tus pecadillos... con Pepita.

J. LUIS.—¡Julia!

JULIA.—¿Los confiesas a menudo? *(Él desvía la vista.)* Padre, para aliviar mi soledad, tengo que desahogar mi carne con la doncella [de mi mujer. Usted me absolverá, ¿verdad?] Prometo no volver a pecar... hasta dentro de unas horas.

*(Va a sentarse al sofá.)*

J. LUIS.—¿Y no has pensado en tu parte de culpa?

JULIA.—¿Quién habla de culpas? Ni te estoy haciendo una escena de celos ni te reprocho nada. Todo eso me trae ya sin cuidado. No pierdas tu misa.

*(JUAN LUIS se acerca y se sienta a su lado. Ella va a levantarse y él la retiene.)*

J. LUIS.—No te vayas. ¿Crees que no intento resistir? [Hay mujeres que no podéis comprender lo imperioso de esos deseos.

JULIA.—*(Mordaz.)* ¿Me acusas de frigidez?

J. LUIS.—No, porque no la padeces...] Déjame que te cuente lo que el confesor me dijo, un día en que le hablé... tal y como tú has imaginado.

JULIA.—Qué interesante.

J. LUIS.—[¿Por qué no la convences de que venga a hablar conmigo? —Se lo he sugerido y no quiere, padre.] —Una esposa debe recibir al esposo en su lecho, hijo mío. Se evitan esos otros pecados y también la ocasión de que ella peque. *(Disgustada, ella se levanta y se aleja. Él eleva la voz.)* ¿Vuestros cuerpos se entienden bien? —Sí, padre. Por lo menos, antes.

JULIA.—*(Lo mira.)* ¿También preguntó eso?

J. LUIS.—Es un sacerdote inteligente. [Me preguntó cuáles podían ser los motivos de tu depresión. Le dije que no lo sabía, puesto que tenías cuanto podías desear. Incluso le hablé de las semanas que pasaste en Suiza haciendo una cura de sueño.

JULIA.—¿Y qué dijo?

J. LUIS.—Que ésas eran rutinas, no curas. Que era en las almas donde había que explorar, y que esos señores preferían dormirlas.

JULIA.—Quizá tenga razón.

J. LUIS.—*(Con un destello de esperanza en la mirada.)*] Deberías ir a verle...

JULIA.—*(Pasea, nerviosa.)* Bueno, ¿y a qué conclusión llegó?

J. LUIS.—*(Se levanta y se va aproximando a ella.)* Acaso un día logréis aclarar el porqué de la tristeza de ella, me dijo. Entretanto, procurad devolveros mutuamente la ternura. *(Está muy cerca de ella.)* Intenta que comprenda cuánto os conviene volver a una misma alcoba. Con dulzura, con paciencia... *(Le toma una mano. Ella va a separarse, muy alterada.)* ¡Julia! Por todo lo que te he faltado, perdóname. No hay una sola mujer en el mundo que me importe lo que tú. [Y estoy condenado a necesitarte más que tú a mí. No seas cruel conmigo, ni contigo misma. Apiádate... de los dos.] Aunque de

cerca veas mis muchos defectos, sabes que me he desvi-
vido por ti...

JULIA.—*(Con los ojos bajos.)* No lo niego.

J. LUIS.—Entonces apóyate en mí. Y déjame apoyarme en ti.

JULIA.—¡No puedo!

J. LUIS.—¿Por qué no? Basta con dejarse ir... Es tan
reparador abandonarse...

> *(La ha rodeado con sus brazos y la va a besar.*
> *Ella se tensa toda.)*

JULIA.—No. *(Él forcejea un tanto para besarla.)*
¡Déjame!

> *(Se separa, jadeante.)*

J. LUIS.—¡Julia, por favor!

JULIA.—No lo soporto. Lo siento... ¡Lo siento!

> *(Golpecitos en la puerta de la izquierda,*
> *abierta en seguida por* CRISTINA. *A* JUAN
> LUIS *se le nubla la expresión, pero reacciona y*
> *sonríe.)*

CRISTINA.—*(Nota la tirantez.)* Buenos días.

J. LUIS.—Adelante, Cristina. Hazle compañía a Julia.
Yo tengo que ir a la iglesia y después me aguarda un
almuerzo de trabajo.

[CRISTINA.—*(A* JULIA.) ¿No vas tú a misa?

J. LUIS.—*(Con un leve suspiro.)* Hoy no tiene ánimo
para nada.]

JULIA.—Siéntate, Cristina. ¿Te apetece algo?

CRISTINA.—No, gracias. *(A* JUAN LUIS, *mientras va a
sentarse en la butaca del tresillo más cercana al veladorcito.)* ¿Irás en tu coche?

J. LUIS.—[Como siempre.] ¿Lo necesitas?

CRISTINA.—Lo pregunto porque hay que andar con
ojo. En casi todas las esquinas hay policías armados con

metralletas. La gente no los mira, pero está asustada.
¿Tú crees que seguirán los asesinatos?

J. LUIS.—Espero que no. El país se va normalizando
pese a todo.

CRISTINA.—No me fío. Hay demasiado fanático...
Hay tal vez asesinos comprados... Y también mucho
nostálgico de la dictadura, de esos que le echan la culpa
de los atentados a la democracia, olvidando oportuna-
mente que bajo el ilustre muerto los hubo en cantidad...
*(Se ha tocado levemente, sin pensarlo, la cicatriz de su
mejilla.)* Perdona.

J. LUIS.—*(Muy molesto.)* ¿Por qué? ¡Ni soy un nostálgico, ni soy antidemócrata!

JULIA.—*(Fuerte.)* ¡Tina!

CRISTINA.—*(Sorprendida por su tono.)* ¿Qué te pasa?

JULIA.—¿Te has tocado la cicatriz cuando hablabas de
los fanáticos?

J. LUIS.—¡Julia, por favor! ¡Qué indiscreción!

JULIA.—Es verdad. No me hagas caso.

CRISTINA.—Al contrario. Voy a contestar a tu pregunta.

JULIA.—¡Por favor, no nos digas nada! Soy tonta.

CRISTINA.—Vino en la prensa. Pero pasaban tantas
cosas entonces...

J. LUIS.—Apenas se te nota.

CRISTINA.—Me la arreglé un poco.

JULIA.—No te desfigura.

J. LUIS.—Claro que no.

CRISTINA.—*(Lo mira y sonríe.)* Fue el año pasado,
antes de las elecciones. Yo pegaba carteles con otro
compañero cuando nos agredió un grupo de jovencitos
armados de cadenas y navajas.

JULIA.—¡Qué horror!

*(Va a sentarse, lenta, junto al teléfono.)*

J. LUIS.—¡La justicia dará cuenta de esos bandidos!
[¡Acabaremos con ellos!]

CRISTINA.—Puede ser. Pero denunciamos la agresión y no se les encontró.

J. LUIS.—¡También terminará esa lenidad! ¡No se tolerará ni un asesinato más!

CRISTINA.—Éstos no eran asesinos... todavía. Y es probable que su mal fuera tan hondo que ni ellos mismos lo conocieran. El mayor no tendría diecisiete años [y yo era una mujer madura, pero no fea. El que me atacó habría querido atacarme de otro modo... Quizá no se atreve con las mujeres y quiso vengarse en una de ellas de sus frustraciones... Un desdichado.]

J. LUIS.—¡Pero quiso destruirte para toda la vida¡

[CRISTINA.—Claro.

J. LUIS.—No lo ha conseguido. Sigues guapa y atractiva.

CRISTINA.—Te diré... Hay que llevar encima una señal como ésta para darse cuenta de que hay personas a quienes desagrada ir contigo.

JULIA.—¿Será posible?]

CRISTINA.—No te preocupes. *(Riendo.)* Comprenderás que, si no me he casado, la culpa no es de un percance tan reciente. No: esos críos no han podido conmigo.

J. LUIS.—De lo que todos nos alegramos. *(Vuelve a mirar la hora.)* Y os dejo. Se me hace tarde. [*(A* CRISTINA.)* ¿Comerás con Julia?

JULIA.—Para eso la he llamado.

J. LUIS.—Magnífico. ¿Tú cenarás en casa, Julia?

JULIA.—Sí.

J. LUIS.—Pues hasta la noche.] Adiós, Cristina. *Le da la mano.)* Distráemela.

CRISTINA.—*(Afable.)* Hago lo que puedo. (JUAN LUIS *cruza y sale por la izquierda, cerrando la puerta.)* [No te ha besado.

JULIA.—Lo intentó hace unos minutos.]

*(Saca un cigarrillo de la cigarrera.)*

[CRISTINA.—Quizá por eso] parece [tan] nervioso.

JULIA.—[¿Verdad que lo está? Pero no por el beso que no me ha dado.] Ya estaba así antes.

(*Pensativa, enciende y se levanta para pasear.*)

CRISTINA.—¿Me permites algunas preguntas delicadas?

JULIA.—Por supuesto.

CRISTINA.—Creo que no saldrás a flote si no te atreves a ver claro en ti misma...

JULIA.—(*Se acerca, sonriente.*) Me intrigas.

CRISTINA.—¿Por qué me buscaste después de tanto tiempo?

JULIA.—Necesitaba un médico.

CRISTINA.—Tenéis el vuestro.

JULIA.—Pero tú eres mujer, y una antigua amistad.

(*Se aleja.*)

CRISTINA.—[Muy superficial, y] rota hace muchos años.

JULIA.—[Estoy pensando en] esos mequetrefes. ¿Cómo se atreven a agredir a una mujer indefensa? No hay más que cobardes.

CRISTINA.—No desvíes la conversación y dime, Julia: ¿Te llegaste a enamorar de Juan Luis?

[JULIA.—Fue tan atento y amable...

CRISTINA.—Pero no le amas.

JULIA.—Supongo que es un hecho normal. Casi todas las parejas que conozco se soportan nada más. Y eso, cuando se soportan...

CRISTINA.—]Él sí te quiere.

JULIA.—O sólo me desea. [No estoy segura.] Como [desea] a esa putita que tenemos de doncella, [y] con la que se acuesta.

CRISTINA.—¿Qué me dices?

JULIA.—Te advierto que me da igual. [Hurgando en esas porquerías no me vas a ayudar.]

CRISTINA.—Si [Juan Luis] te desea a los veinte años de casados, es que te quiere.

[JULIA.—*(Irónica.)* ¡Pues sería rarísimo!

CRISTINA.—No tanto. Y puede tener varias causas.] Pero no es [la que] tu marido [tenga para seguir queriéndote] lo que ahora me interesa, sino [la de] tu depresión.

JULIA.—¡Ah! ¡Es que de eso sí es él en gran parte el culpable!

CRISTINA.—¿Por qué?

JULIA.—*(Pasea.)* No tiene nada dentro. [Apenas lee. No cree en nada, salvo en Dios..., si es que en realidad cree en Él. Y en la retórica con que se llena la boca tampoco cree.

CRISTINA.—¿Cómo lo sabes?

JULIA.—Noto que suena a falso. Él] sólo piensa en volver a ser ministro y en enriquecerse aún más... Veinte años viéndole pendiente de la rebatiña de los cargos obtenidos a dedo, son demasiados. *(Se acerca a ella.)* [Yo también merezco censura por mi vida fácil, lo sé.] *(Suspira.)* Lo de tantos y tantos, ¿verdad? Dejémoslo.

> *(Apaga el cigarrillo en el cenicero del veladorcito y se sienta.)*

CRISTINA.—Estoy buscando un poco a ciegas. Julia... Tú llamas a una antigua compañera de Fermín después de veintidós años. ¿No crees que tu enfermedad puede ser la nostalgia?

JULIA.—*(Nerviosa, sin mirarla.)* ¿Nostalgia?

CRISTINA.—*(Se levanta y se va acercando.)* Para una persona de nervios débiles como tú, la comparación entre tu marido y aquel muchacho admirable puede volverse obsesiva... Él ha muerto, pero tú lo ignorabas. *(Se sienta a su lado.)* ¿No me llamaste, quizá, para saber de él?

JULIA.—*(Sombría.)* Sabía ya demasiado de él.

CRISTINA.—¿Demasiado?

JULIA.—Cuando lo detuvieron os busqué sin resultado.

CRISTINA.—*(Ríe.)* Nos escondimos [todos.] *(Seria.)* Después te llamé yo porque él, ya en la cárcel, quería verte, y no quisiste recibirme.

*(Breve pausa.)*

JULIA.—Tina, era un cobarde.

CRISTINA.—*(Muy suave.)* ¿Estás loca?

JULIA.—[¡El muchacho admirable era un cobarde, Tina!] ¡Y un embustero! Se lo perdoné, porque cualquiera sabe lo que le harían... Pero aquello me dejó una herida... que Juan Luis no ha podido cerrar.

CRISTINA.—Continúa.

JULIA.—Os denunció a todos.

CRISTINA.—¡No!

JULIA.—¡Sí! Porque también a mí me delató, aunque él mismo me había mantenido alejada de actuaciones. [Lo torturarían... y me acusó.]

CRISTINA.—¿De dónde has sacado eso?

JULIA.—Vino un policía a detenerme. Juan Luis se declaró mi abogado y pudo evitarlo. Logró sacarle que Fermín me había acusado, [pero que aún no había firmado nada.] Y se fue a hablar al comisario... Les convenció de que yo no debía ser detenida... Fue el mayor favor que me ha hecho en toda mi vida.

CRISTINA.—No tiene lógica lo que cuentas... ¿Cómo te explicas que a mí no me delatase? Ni a otros...

JULIA.—¿No cayeron otros del grupo?

CRISTINA.—Sí, pero...

JULIA.—Él delató a todos. [O él y algún otro. Después, al no encontraros, la policía se contentaría con los convictos y cerraría el caso.] *(Sumida en el recuerdo, enmudece.)* Desde entonces no he podido creer en nadie ni en nada.

*(Oculta en las manos su rostro dolorido.)*

CRISTINA.—Julia, [si él viviese, creo que te curarías.] *(Se levanta y se sitúa, con triste sonrisa, a la espalda de* JULIA, *oprimiéndole los hombros con afecto.)* De su muerte ya no puedes curarte. Pero del abatimiento me parece que sí te voy a sacar. (JULIA *se vuelve y la mira.)* Porque hay algo que no casa en lo que has contado.,. Fermín no era así. *(Reflexiona.)* ¡Ya lo entiendo! Aquel policía debió de venir a sacar verdad por mentira.

JULIA.—*(Con la voz velada.)* ¿Y el.comisario?

CRISTINA.—También querría asustar a la novia de Fermín, para ver qué confesaba. [Menos mal que Juan Luis supo ahorrarte el trance.

JULIA.—¿Iban a ser tan viles?

CRISTINA.—]Son añagazas del oficio. *(Perpleja,* JULIA *mira al vacío.)* ¿Sabes lo que vamos a hacer ahora mismo? Visitar a Gabriel, un amigo mío.

JULIA.—¿Quién es?

CRISTINA.—Fue compañero de Fermín en la prisión [y también lo apalearon, pero escapó con vida.] Quiero que le oigas cómo aguantó Fermín las palizas hasta morir, sin que le arrancaran quiénes y de qué modo habían organizado el plante. *(Nerviosa,* JULIA *toma un cigarrillo, se levanta, pasea sin llegar a encender.)* [Después nos iremos a almorzar por ahí y volveremos a nuestro antiguo café.] ¿Quieres? [Aún tenemos mucho que hablar.]

(DON JORGE *aparece por el primer término derecho y se sienta, en la penumbra, tras la mesa de despacho.* JUAN LUIS *entra tras él y se sienta ante la mesa. Apenas se los ve.)*

JULIA.—[Me siento como mareada...] ¿Puedo haber estado equivocada durante tantos años?

CRISTINA.—*(Con ternura.)* Sí, porque eres... algo tontorrona. Me llamaste, sin embargo, y en eso no has sido nada tonta. ¿Nos vamos a ver a Gabriel?

JULIA.—*(Conmovida.)* ¡Vámonos!

> (*Tira el cigarrillo. Las dos recogen sus bolsos y salen por la puerta de la izquierda, que se cierra. La luz baja en el salón al tiempo que se enciende la lámpara en la mesa de despacho.* JUAN LUIS *y* DON JORGE *están mirando un atlas abierto ante ellos.*)

J. LUIS.—Gracias por recibirme en día festivo.

D. JORGE.—Bastaba que usted lo desease... (*Levanta la vista del atlas.*) Bien. Esa finca podría interesar a Indelecsa. ¿No le importa que fume? Ya sé que usted cuida sus coronarias.

J. LUIS.—*(Jovial.)* Pero no las suyas.

D. JORGE.—*(Ríe.)* ¡Ojalá lo hiciera! (*Enciende un cigarrillo.*) ¿Puede traer a su amigo el lunes a las once?

J. LUIS.—Si convence a los dueños, se lo traeré.

D. JORGE.—Perfecto. (*Se retrepa en el sillón.*) ¿Y qué más me cuenta? Porque juraría que una visita suya en domingo tiene motivos aún más serios.

J. LUIS.—*(Sonríe.)* Usted es siempre tan amable conmigo... Quisiera, una vez más, su consejo. Para mí, sus opiniones son casi como las de un padre. Por sus conocimientos, por su experiencia...

D. JORGE.—No me desagrada el símil, pero ha de permitirme corregirlo como a usted se le debe. Por su edad podría ser mi hijo, pero un hijo cuya inteligencia supera a la del padre, y del que éste se halla orgulloso.

J. LUIS.—Me hace mucho favor.

D. JORGE.—¡Es justicia! ¿Qué quería consultarme?

J. LUIS.—*(Después de un momento.)* Hace tiempo que pienso si no debería yo cambiar de partido.

D. JORGE.—¿Hacia dónde?

J. LUIS.—Un poco más... hacia la izquierda.

D. JORGE.—Aún le quedan uno o dos partidos antes de llegar a una izquierda verdadera...

J. LUIS.—[Ya comprenderá que] no se trataría de abandonar la moderación. Pero sí de ocupar áreas que no debemos dejar escapar, [con vistas al mañana.]

Hemos sido el poder y lo debemos seguir siendo incluso
desde la izquierda, si queremos evitar disparatadas
experiencias socializantes. Ya sé que un cambio de
familia política puede menoscabar la buena fama personal, pero hay que convertirse a tiempo en un buen
peón de reserva. ¿No le parece?

D. JORGE.—*(Que asintió levemente una y otra vez con
los ojos dilatados.)* ¡Y me admira [su penetración! ¡Y
hasta] su espíritu de sacrificio! La izquierda es una per-
versión o una cáscara ya vacía. Pero, si la palabra está
de moda, debemos adueñarnos de ella. [Porque] no hay
duda de que el porvenir y aun la felicidad del mundo,
incluidos los asalariados, están en la economía de mer-
cado y en el incentivo de beneficios legítimos. Sin
perder de vista esa verdad fundamental, bienvenidas
sean algunas socializaciones. Esa y no otra es la verdadera democracia.

J. LUIS.—Y la manera, [no lo olvidemos,] de preservar
nuestros más sagrados ideales y creencias; [de evitar los
resentimientos, los crímenes, el ateísmo y la pobreza.]

D. JORGE.—[Hablaremos del paso trascendental que
quiere dar.] Debo reflexionar... La cuestión es delicada
y yo no soy un político. Pero, en principio, le aplaudo
por su grandeza de ánimo.

J. LUIS.—Sólo soy un español deseoso de servir a su
patria. ¿Sabe usted lo que más me ha inclinado a ese
propósito? El terrorismo.

> *(Una pausa.* DON JORGE *lo mira y fuma, pen-
> sativo. Entretanto, han entrado por el primer
> término izquierdo* JULIA *y* CRISTINA. JULIA
> *parece abstraída.)*

JULIA.—¡No es posible!
CRISTINA.—Ya has oído a Gabriel.

> *(Paseando, se adentran en la escena.* JULIA *se
> detiene.)*

JULIA.—¿No pudo Fermín hundirse en el primer interrogatorio y [después,] en la cárcel, recobrar su entereza?

CRISTINA.—Se dan casos... No creo que fuera el de Fermín. [¡Ni tú tampoco!]

D. JORGE.—Como simple hombre de negocios y aparte de la condena moral que merece, le diría que el terrorismo es funesto. Sin embargo...

*(Se abstrae.)*

CRISTINA.—Pero si Fermín hubiera flaqueado, habría que comprender. Tú no conoces el espanto [que te deshace los huesos] ante hombres que, de pronto, ves que son monstruos... Los peores terroristas, porque el poder los respalda. Pero Fermín era mejor que todos nosotros. [Por eso lo mataron tan joven.]

*(JULIA suspira. Caminan otro poco.)*

D. JORGE.—¡Qué admirable es la Providencia! Siempre sabe sacar bien del mal.

J. LUIS.—¿Se refiere al terrorismo?

D. JORGE.—Esa lepra repulsiva puede disuadir a la mayoría silenciosa de embarcarse en catástrofes aún mayores. Y ello, a la larga, lejos de destruirnos, nos consolida.

CRISTINA.—Aquel polizonte os engañó. Y en ese engaño has vivido media vida. *(JULIA, a punto de llorar, baja la cabeza y aferra un brazo de su amiga.)* ¡Vamos!...

D. JORGE.—El dinero del mundo se está uniendo, Palacios. Y esa unión creará la prosperidad para todos. Pero en algunos países, cierta inestabilidad..., más aparente que real..., puede ser provechosa. ¿No cree? Quizá me equivoque; yo no soy político.

J. LUIS.—Como político estimo que si continúan los atentados resonantes contra altas personalidades, pueden llegar a provocar un golpe de Estado. Lo cual acaso dañase muchos intereses, incluidos los de Indelecsa...

(DON JORGE *se levanta entretanto y se apoya en el borde de la mesa mientras fuma, sonriente.*)

D. JORGE.—No nos subestime. Con democracia o con autocracia, no es fácil prescindir de nosotros.

CRISTINA.—Te acercas a grandes decisiones, Julia... Te voy a dar una revista donde se cuenta parte de la historia «política» de tu marido.

J. LUIS.—A mí, ex ministro, me costaría caro.

CRISTINA.—¿Sabías que, en la Universidad, era ya un exaltado que exhibía su pistola?

[JULIA.—¡Dios mío!]

D. JORGE.—*(Ríe y palmea en el hombro, bondadoso, a* JUAN LUIS.) ¡Un hombre de su historial también se las arreglaría!

CRISTINA.—Y sus negocios... Tú no puedes ignorar algunos de ellos.

[JULIA.—Por desgracia, no.]

J. LUIS.—[Por desgracia, no.] Para cierta derecha yo soy un traidor.

D. JORGE.—Puesto en lo peor, siempre le queda el extranjero.

CRISTINA.—¿Sabes que Juan Luis guarda muchísimo dinero en bancos suizos?

JULIA.—*(Baja la cabeza.)* Sí.

D. JORGE.—Nuestra Empresa le reservaría un buen puesto. Pero no creo que se avecine ningún golpe de Estado.

(JUAN LUIS *baja los ojos y medita.*)

CRISTINA.—Julia, esas indecencias también te rozan... [Nuestro café.

JULIA.—Estoy cansada.]

*(Van a sentarse al diván del café.)*

J. LUIS.—La Cámara no duda de que seguirá habiendo atentados graves.

D. JORGE.—Le noto preocupado. ¿No temerá por sí mismo?

J. LUIS.—*(Sonríe.)* Nadie está libre de un balazo, como no lo estamos de difamaciones. Pero temo por mi patria, sobre todo. Otra dictadura...

D. JORGE.—¡Ha habido que tolerar tantas! Y hasta colaborar con ellas, como usted sabe bien.

J. LUIS.—Si todos los ciudadanos que tuviesen sospechas de la preparación de un atentado avisasen inmediatamente...

D. JORGE.—La colaboración ciudadana sería muy eficaz, desde luego. Pero la gente piensa, y no le falta razón, que esos asuntos competen a la policía.

CRISTINA.—*(Después de beber de la taza.)* Si quieres enderezar tu vida [y recobrar tu alegría,] sepárate de Juan Luis.

[JULIA.—Yo no quiero a ningún otro hombre.

CRISTINA.—¿Quién habla de eso, burguesita? Tú no quieres a nadie. Ni siquiera a mí. No te lo reprocho, pero ese es tu mal.

JULIA.—Quizá irremediable.

CRISTINA.—Nunca es tarde para querer.]

(JULIA *hace un mohín y bebe.)*

D. JORGE.—*(Que estuvo echando otra ojeada al atlas abierto.)* Bien. Traiga a ese hombre el lunes. ¿Cómo está su esposa?

J. LUIS.—Perfectamente, muchas gracias. *(Se acerca al lateral.)* Ya sabe que el veintidós le esperamos en nuestra fiesta de aniversario.

D. JORGE.—No faltaré.

J. LUIS.—*(Va a salir y se detiene, risueño.)* Por cierto: no hemos comentado el posible origen de esos atentados... Hay varias hipótesis.

(*Se miran.)*

D. JORGE.—Sí. Hay varias hipótesis... Le acompaño.

J. LUIS.—¡No se moleste!

D. JORGE.—¡Qué menos, a un futuro consejero!

*(Salen los dos, riendo, por la derecha. El rincón se oscurece.)*

JULIA.—Estoy enferma, Tina. Sé que no tengo futuro porque sólo veo el pasado: el sufrimiento de toda mi vida a causa de una mentira.

CRISTINA.—[Ahora sabes que] el culpable fue un policía mediocre y no debes resignarte a ser definitivamente vencida por semejante alimaña. [¡Desdeña lo pasado y mira hacia delante!]

JULIA.—*(Pensativa.)* Esa alimaña está aquí, ¿sabes?

CRISTINA.—¿En Madrid?

JULIA.—Lo vimos ayer en este mismo café. Ya no es policía y quiere que Juan Luis lo ayude en no sé qué gestión... Me saludó con la mayor cortesía, [incluso contrito...] Fue una desdichada casualidad.

*(Con un suspiro angustiado, oculta el rostro en sus manos.)*

CRISTINA.—[Míralo de frente. No tiene importancia...] ¿Recuerdas su nombre? Tal vez pudiera averiguar algo de él...

JULIA.—Se llama Ginés Pardo.

CRISTINA.—No se me olvidará.

*(Breve pausa.)*

[JULIA.—Tina, pienso demasiado en todo aquello. Como si acabase de suceder. ¿Es muy morbosa esa impresión?

CRISTINA.—¿Cuál?

JULIA.—Estamos en el café. ¿Han pasado realmente los años?

CRISTINA.—*(Sonríe.)* Más de veinte.]

(JULIA *mira, abstraída, hacia la izquierda. De pronto le aprieta un brazo a su amiga.*)

JULIA.—[¡Ayúdame,] Tina!

CRISTINA.—¿Qué te pasa?

JULIA.—¡Mira esa silueta en los cristales! ¿No parece la de Fermín? ¿O estoy loca?

CRISTINA.—*(Después de mirar.)* No [estás loca.] Sólo sientes el deseo vehemente de borrar tus años de dolor. Serénate. Con él ya no podrás hablar; pero, al menos, has comprendido que no hizo lo que pensabas.

JULIA.—¡Tina, no he comprendido nada! Aún no sé si el policía mintió.

CRISTINA.—Siempre nos es difícil reconocer un error prolongado porque tememos que, al abandonarlo, dejaremos de ser quienes éramos. Sin embargo, atreverse a cambiar es empezar a curar. No lo dudes.

JULIA.—Ahora sí que no debo volver a este café.

CRISTINA.—¿Por qué no?

JULIA.—*(Bromea.)* No debo jugar con mi pobre cabeza desquiciada... Podría verle entrar un día.

CRISTINA.—*(Riendo.)* Entonces [me constituyo en tu jefe y] te mando que no vuelvas.

JULIA.—*(Ríe.)* ¡A tus órdenes!

CRISTINA.—¡Así te quiero ver! Aprende a reírte de ti misma y nadie podrá vencerte.

JULIA.—*(Riendo con algún histerismo.)* ¡Lo intentaré! ¡Te lo juro! ¡Ah!... Me siento mejor. Ligera...

CRISTINA.—¿Cómo una pluma?

JULIA.—*(Riendo.)* ¡Como el mismo aire!...

(*Ríen las dos.* JUAN LUIS *aparece entretanto por el primer término izquierdo.* CRISTINA *lo ve y recobra la seriedad.* JULIA *vuelve la cabeza y se sobresalta.*)

J. LUIS.—Siento interrumpir un momento tan alegre, pero lo podemos prolongar. [¿Por qué no] cenas con nosotros, Cristina?

JULIA.—*(Fría.)* ¿A qué has venido?

J. LUIS.—[Como vamos a cenar en casa] he pensado que, si os encontraba aquí, os llevaba en el coche.

[JULIA.—He cambiado de idea. No cenaré en casa.

J. LUIS.—Pues] os invito en donde queráis...

JULIA.—No, gracias. [Vete tú a casa.] *(Se levanta y saca un billete, que deja sobre la mesa.)* ¡Vámonos, Tina!

(CRISTINA *se levanta despacio.* JULIA *da un paso hacia el lateral.)*

J. LUIS.—*(La toma de un brazo.)* Pero, Julia...

JULIA.—*(Levanta la voz.)* ¡Suéltame!

*(Se desase.)*

J. LUIS.—[Julia,] nos están mirando...

JULIA.—¿Te importa?

J. LUIS.—¿Qué tienes contra mí? *(Ella lo mira con sarcasmo.)* [Dímelo tú, Cristina.]

CRISTINA.—Está nerviosa...

JULIA.—Estoy tranquila. Como pocas veces en mi vida. *(A su marido.)* ¿Quieres que baje la voz? Serás complacido. *(Susurra.)* No tengo ganas de hablar contigo. [¿Y sabes por qué? Pues] porque eres un necio.

J. LUIS.—¡Julia!

JULIA.—¡Y yo también! Dos tontos, engañados hace muchos años con una patraña infantil. ¿O aparentaste que te engañaban?

J. LUIS.—¿De qué hablas?

JULIA.—Ya, de nada. No volveré a comentar contigo este asunto. Adiós.

*(Sale por el lateral.)*

J. LUIS.—¡Espera, Julia! *(Desazonada,* CRISTINA *lo mira con timidez y sale tras* JULIA. *El rincón se oscurece despacio; en el salón, un frío fulgor saca de la penumbra la imagen sagrada. Muy afectado,* JUAN LUIS *se ha quedado abstraído. Ahora se vuelve hacia el salón y sube su peldaño. Mirando al Cristo, se sienta en una butaca.)* [¿Debo avisar? Quizá mis temores son infundados y es cierto que él ha venido a hablarme... ¿Cómo saberlo? Ayúdame, Señor. Ayuda a Julia... Ten piedad de los dos.] *(Refugia el rostro en sus manos. La luz sobre el Cristo se va apagando poco a poco. Una tenue claridad se insinúa en la izquierda. La puerta del salón se abre sola.* DON JORGE *entra por ella. Su aspecto ha variado: no lleva corbata, la camisa, el pantalón y la cazadora son viejos y pobres, el cabello muéstrase algo despeinado. La extraña figura cruza hasta el primer término de la estancia y, bajo heladas claridades, se sienta, a la derecha, en el peldaño, fija en el vacío la absorta mirada.* JUAN LUIS *alza despacio su cabeza y muestra su inquieto semblante. No mira —no se atreve— a la imagen de* DON JORGE. *De repente se levanta y, sin mirar al hombre sentado, corre al teléfono, descuelga y marca.* DON JORGE *no se mueve.)* Perdona que te moleste a estas horas... *(Está esforzándose en conseguir un tono despreocupado.)* Sí, soy yo. Y no sé si debo importunarte con mis tonterías... [Pues escucha.] Estoy leyendo un libro un tanto raro. El protagonista [está en sus cabales y, sin embargo,] nota presencias extrañas a su lado... Personas que conoce, pero que se le muestran distintas... Como si fueran otras. *(DON JORGE vuelve hacia él su cabeza y le observa.* JUAN LUIS *se sobrecoge, pero se abstiene de mirarlo.)* No. [Imaginarios, no seres reales...] No las ve. Pero tiene la impresión de que están cerca. *(Ríe.)* [No lo entiendes.] Pues eso me sucede a mí; que tampoco lo entiendo. ¿Se puede sufrir esa impresión con la mente sana? *(Alterado.)* ¡No, hombre! No me pasa a mí. ¡Es una novela! *(PEPITA entra por la izquierda y lo mira con dulce sorna. Calza zapatillas y sólo lleva encima un sugestivo —y vulgar— «picardías». Junto al*

*mueble bar, prepara un* whisky. JUAN LUIS *la oye, la mira
de soslayo y tuerce el gesto.)* [Perdona. Con todo lo que
pasa, y lo que no pasa, tengo los nervios de punta...
Sí...] Y si fuesen alucinaciones, ¿significaría trastorno
mental?... No siempre, claro. [Eso pensaba yo y] eso
dice el novelista. Pero estos escritores son tan arbitra-
rios... [Sí. Tomo las píldoras sin que lo sepa Julia. Prefiero que se crea ella sola la enferma...] Sí. El protagonista está muy deprimido... ¿Cómo voy a decirte que no
soy yo?... ¿Y qué quieres? Son tantas las preocupaciones, que apetece distraerse a veces con cualquier
novelucha... [Hoy, muy cansado. *(Ríe.)* No te preocupes. Mañana estaré nuevo...] *(Serio.)* ¿Mi mujer? Sin
variación. Y cada vez más áspera... No. Lo siento.
Imposible convencerla de que vaya a verte... (PEPITA *ha
llegado a su lado y le brinda el vaso con una sonrisa. La
figura sentada no existe para ella.* JUAN LUIS *toma el vaso
maquinalmente y bebe un poco.)* Gracias, hombre. Y disculpa... Buenas noches.

*(Cuelga y se queda pensativo.)*

PEPITA.—¿Quiere comer algo?
J. LUIS.—No tengo apetito.
PEPITA.—*(Insinuante.)* ¿De nada?
J. LUIS.—¿Cómo vas así por la casa?
PEPITA.—[¡Como si fuera la primera vez! Y] la señora
dijo que tardaría.

*(Da un paso hacia él y aguarda.)*

J. LUIS.—*(Sin mirarla.)* Pepita, estoy agotado.

*(Bebe otro sorbo. Ella se acerca y se estrecha
contra él. Él se envara.)*

[PEPITA.—No hay prisa. Beba su *whisky.*
J. LUIS.—Esta noche no, Pepita.]

PEPITA.—[¿Por] agotado, o [por] pesaroso?

J. LUIS.—¡Calla esa boca!

PEPITA.—*(Se separa, molesta.)* ¡No me haga reír!

J. LUIS.—¡Vete a tu cama!

PEPITA.—¡Y usted a la suya, a recobrar fuerzas! *(Le intenta quitar el vaso y él lo retiene, enfadado.)* No se le ocurra llamar a mi puerta dentro de una hora. Estaré dormida.

> *(Despechada, se va por donde entró. Él la ve salir y bebe de nuevo. Pendiente de la presencia del hombre impasible, que no ha dejado de observarlo, se dirige al sofá y se sienta, muy fatigado. Bebe de un trago lo que le resta del vaso y lo deja sobre la mesa. La cabeza de* DON JORGE *gira hacia el frente con la mirada perdida.* JUAN LUIS *cierra los ojos. Se le empieza a doblar el cuello. Un levísimo son de instrumentos inicia, en el fondo del aposento, el* Minueto *del* Trío Serenata. JUAN LUIS *abre los párpados y se incorpora, sobresaltado. Los sonidos cesan en el acto. Con un suspiro,* JUAN LUIS *se arrellana otra vez. Poco a poco, se le vuelven a cerrar los ojos. El* Minueto *recomienza.* JUAN LUIS *está dormido. Raras luces afantasman el salón. El tapiz se eleva en silencio. Vivamente iluminados,* EL VIOLINISTA *y* EL VIOLONCHELISTA *ejecutan el movimiento. La viola sigue solitaria bajo la claridad que inunda la silla donde se encuentra. Y, otra vez, son tres los instrumentos que se oyen.* JUAN LUIS *abre los ojos y contempla, obseso, a los músicos. Después, al hombre sentado.)*

J. LUIS.—*(Sobre la música.)* ¿Vosotros? *(Ellos le miran, pero siguen tocando.* JUAN LUIS *se levanta.)* [¡Hoy no es la fiesta!] *(No le hacen caso. Avanza hacia el frente e interpela tímidamente a la figura sentada.)* Don Jorge...

D. JORGE.—¿Cómo me ha llamado?

[J. LUIS.—¿No es usted don Jorge?

D. JORGE.—¿Con esta ropa?]

J. LUIS.—Se parece a don Jorge... ¿No es don Jorge?

D. JORGE.—Para usted, don Jorge es un padre. Yo soy padre de otro.

J. LUIS.—¿No mío?

D. JORGE.—No.

(JUAN LUIS *titubea.*)

J. LUIS.—¿Es hoy la fiesta? (DON JORGE *lo mira sin responder.*) No veo invitados. Y la viola sigue abandonada.

D. JORGE.—¿Sigue?

J. LUIS.—*(Se acaricia la frente.)* ¿No estaba abandonada?

D. JORGE.—Hay tres músicos.

J. LUIS.—¡Usted es el tercero! *(Los músicos dejan de tocar súbitamente y los miran.* JUAN LUIS *les lanza una fugaz ojeada.)* ¿Por qué no sube y toma su instrumento?

(DON JORGE *deja de mirarlo.*)

CHELO.—*(Al* VIOLINISTA.) Parece que recuerda [algo.]

VIOLIN.—*(A* JUAN LUIS.) ¿Podemos continuar?

J. LUIS.—Sin el tercero, no. *(Triviales, los músicos reajustan sus arcos.* JUAN LUIS *les vuelve la espalda.)* Marchaos. Me da lo mismo ignorar quiénes sois.

*(Va a sentarse a una butaca.)*

CHELO.—Pero usted no lo ignora.

J. LUIS.—¡No os conozco!

D. JORGE.—¿No reconoce esa cara de cadáver?

J. LUIS.—*(Alarmado.)* ¿Cuál?

D. JORGE.—La del joven pálido. Es mi hijo.

J. LUIS.—Usted no tiene hijos, don Jorge.

D. JORGE.—Le he dicho que no soy don Jorge. [¿Reconoce a mi hijo?]

VIOLIN.—¿Recuerdas mi cara?

(JUAN LUIS *se levanta y se acerca a él.*)

J. LUIS.—¡No! *(Con sosegada sonrisa,* EL VIOLINISTA *asiente repetidamente.* JUAN LUIS *le vuelve la espalda y repite sin convicción.)* No.

D. JORGE.—Usted nunca lo vio tan pálido. Yo sí. Después me lo sacaron de la cárcel y acompañé su caja. *(Con suave risa.)* No se aflija. Me sentí casi alegre. Antes me habían derrotado a tiros y a traiciones. Malviví como pude. En prisión no morí de milagro. Después, echado año tras año de trabajos miserables en cuanto se enteraban de que era uno de esos tipos a quienes, según los vencedores, deberían haber ejecutado... Pero yo era duro de roer. Y mi compañera, más fuerte aún. Logramos darle estudios al chico y, más tarde, que ingresara en la Facultad [de Medicina.] Usted no sabe lo que es eso. La tenacidad en la pobreza, la decisión de no admitir nunca una derrota definitiva. Cuando me lo mataron tan joven, sí. *(Inclina la cabeza.)* [Entonces, sí.]

J. LUIS.—*(A media voz.)* ¿Qué?

D. JORGE.—Entonces sí me sentí derrotado. *(Ríe y levanta la cabeza.)* ¡Pero pensé en él y me volvieron los ánimos! [Aunque nos hubieran destruido, no habían podido con nosotros.] Mi hijo también había dicho «no». Y decir «no» es vencer. *(Breve pausa.)* Ahora, ya lo ve: no es médico y toca el violín.

(JUAN LUIS *mira al* VIOLINISTA, *que le sonríe con bondad. Luego se vuelve hacia* DON JORGE.)

J. LUIS.—[Lo siento... verdaderamente. Pero ¿a qué viene a mi casa?] Yo no soy culpable de lo que le pasó.

CHELO.—Usted nos ha llamado.

J. LUIS.—*(Se encara con* EL VIOLONCHELISTA.) [¡Ni yo fui culpable,] ni los míos! [Él infringió las leyes.] Si [después] tropezó con unas fieras que acabaron con él, lo lamento con toda mi alma... [En todos los bandos las ha habido. Y] otros asesinos habían matado a familiares míos antes de la victoria. [Abomino de todo ello y no me reprocho nada.] ¡Él no tiene [por] qué venir a tocar!

VIOLIN.—*(Sonriente.)* ¿Eso es todo?

J. LUIS.—*(Sin mirarlo.)* Eso es todo.

VIOLIN.—Será como tú dices.

*(Afina una cuerda.)*

JULIA.—*(Su voz.)* ¿Eso es todo? (JUAN LUIS *se yergue, tenso. La voz de su mujer se oye más cerca.)* ¿Eso es todo? *(Muy sonriente,* JULIA *entra por la puerta de la derecha acompañada de* CRISTINA. EL PADRE ANSELMO *y* EL GENERAL.) ¿Eso es todo, en nuestra fiesta? [¡Pepita, las bebidas!]

> *(En el acto aparece* PEPITA *por la izquierda con una bandeja de vasos y avanza. Viene con la misma ropa interior con que recibió a* JUAN LUIS.)

J. LUIS.—*(Disgustado.)* ¡Pepita! ¿Cómo te atreves...?

> *(Ella lo mira burlona al pasar y ofrece a unos y a otros la bandeja. Nadie parece advertir lo anómalo de su ropa.)*

JULIA.—¿Quién esconde mi regalo?

J. LUIS.—¡Lo encargué ya, Julia!

JULIA.—*(No le hace caso.)* ¿Lo tiene usted, General?

GENERAL.—A mí no me lo han dado.

JULIA.—¿Y usted, Padre Anselmo?

P. ANSELMO.—¡Sólo le puedo regalar mis bendiciones, Julia! *(A* PEPITA, *mientras toma un vaso.)* Como a ti, hija mía. *(A los demás.)* [¡Qué inocencia más grata al Señor la de esta criatura!]

GENERAL.—*(Ponderativo, menea la cabeza.)* Una inocencia... encantadora.

> *(Entretanto,* PEPITA *se ha acercado a* JUAN
> LUIS. *Nervioso, arrebata él un vaso de la ban-
> deja.)*

J. LUIS.—*(Enérgico, a media voz.)* ¡Ve a vestirte! *(La
doncella aparta un poco la bandeja y le besa en los labios.)*
[¡Por Dios,] Pepita!

> *(Excepto los músicos, ríen todos. Algunos
> aplauden.* DON JORGE *sonríe.)*

P. ANSELMO.—¡Un [verdadero] ósculo de paz! El
buen servidor se lo da al amo [cuando éste es] cristiano
y bondadoso. (DON JORGE *ríe en silencio. El sacerdote
eleva los brazos.)* ¡El Señor bendiga esta casa!
JULIA.—[Pepita,] dame un vaso.
PEPITA.—Sí, señora.

> *(Va hacia ella.* JUAN LUIS *se deja caer en una
> de las sillas del veladorcito.)*

CRISTINA.—*(Imperiosa.)* ¿Quién tiene el regalo de
Julia?
JULIA.—*(Ríe.)* ¡Lo quiero esta noche! *(Mira a todos.
Ademanes de excusa en el militar y el sacerdote. Ella se
vuelve y mira al* VIOLINISTA. *Su voz se debilita.)* ¿No lo
tendrá usted?

> *(EL* VIOLINISTA *la mira fijamente sin res-
> ponder. Mirándolo,* JULIA *bebe del vaso que
> ha tomado.)*

J. LUIS.—¡Julia, ven aquí!

> *(PEPITA *sale del salón por donde entró.* JULIA
> se acerca, afable, a su marido.)*

JULIA.—¿Qué quieres, amor mío?

J. LUIS.—*(Turbado.)* ¿Es mío o es tuyo lo que vemos?
*(Intrigada, ella se sienta lentamente a su lado.)* ¿Estás tú
en mi noche, o yo en la tuya?

> *(Ella eleva la cabeza y se abstrae, mirando al
> frente. Él bebe de golpe su vaso, lo deja en el
> velador y se levanta.* DON JORGE *los mira. Sin
> dejar de observar a su mujer,* JUAN LUIS *se
> acerca al centro del salón.* CRISTINA, EL
> GENERAL *y* EL PADRE ANSELMO, *reunidos
> allí, departen sonrientes en voz baja.* JUAN
> LUIS *tira discretamente de la manga del*
> PADRE.)

P. ANSELMO.—*(Se aparta con él unos pasos.)* ¿Qué
quiere, hijo?

J. LUIS.—*(Señala al mirador.)* ¿Quiénes son aquéllos?

P. ANSELMO.—¿Los músicos?

J. LUIS.—No son músicos. ¿Quiénes son?

P. ANSELMO.—*(Con gravedad.)* ¡Ignoro tantas cosas!
*(Con misterio.)* Sólo sé que algo muy grave se avecina.
Tenga cuidado. (GINÉS PARDO *aparece entretanto en el
primer término izquierdo y sube el peldaño del salón. Trae
una maleta y cubre su cabeza con un pasamontañas que le
oculta el rostro. El tono del sacerdote se vuelve ligero.)* Su
*whisky* es delicioso, pero mi pobre estómago ya no lo
resiste. *(Va a dejar su vaso en la mesa.)* Un día de estos
tiene que verme en su clínica.

> *(Se reincorpora al grupo donde estaba.* PARDO
> *llega al lado de* JUAN LUIS.)

J. LUIS.—*(Hosco.)* ¿Qué traes?

GINÉS.—Tu remesa a Suiza. Treinta millones. [No
pases cuidado;] llegará con perfecta seguridad, como
las anteriores.

J. LUIS.—No mientas.

[GINÉS.—*(Inocente.)* ¿Yo?

J. LUIS.—Ya llevaste esa remesa.] ¿Qué traes?

GINÉS.—*(Deja la maleta en el suelo.)* [No se puede contigo...] Ya sabes lo que traigo. Ha llegado la hora.

*(Se inclina y abre la maleta.)*

JULIA.—*(Sin volverse.)* Por favor, toquen la Marcha del Trío.

*(Los dos músicos se miran, dispuestos a tocar.)*

D. JORGE.—¡No! (JULIA *lo mira, dolida. Los músicos se detienen.* DON JORGE *se levanta y los mira.)* El Adagio.

> *(Los músicos asienten, inician el* Adagio *y lo continúan hasta el final de la acción.* PARDO *saca de la maleta un pasamontañas gemelo del que lleva y se lo pone a* JUAN LUIS *con brusquedad. Después saca una pistola de la maleta, le suelta el seguro y se la tiende.* CRISTINA *y* EL PADRE ANSELMO, *de frente en el grupo, ven el arma.)*

J. LUIS.—¿Yo?

GINÉS.—Eres tú quien lo hace. [Si te niegas, ya sabes.]

> *(*JUAN LUIS *toma la pistola.* CRISTINA *y el sacerdote se separan poco a poco del* GENERAL, *que está de espaldas e inmóvil. Una fría luz resalta la figura del militar; el resto del aposento se va oscureciendo.)*

P. ANSELMO.—¡Cuidado!

CRISTINA.—¡No!

> *(Ambos se alejan cuanto pueden.* JUAN LUIS *levanta el arma y dispara.* EL GENERAL *se tambalea y cae.* CRISTINA *grita y huye por la izquierda.* EL PADRE ANSELMO *absuelve*

*desde lejos al caído, retrocede y escapa por la derecha.* JUAN LUIS *baja el brazo y humilla la cabeza.* PARDO *le toma la pistola y él la abandona sin resistencia. Absorta en la música, la faz de* JULIA *acusa no obstante, o tal vez por las notas mismas, terrible ansiedad.* PARDO *retrocede unos pasos. Atento a sus movimientos,* DON JORGE *se vuelve despacio hacia la derecha, baja del salón y sale por el primer término. Preocupado por su marcha,* JUAN LUIS *da unos pasos tras él.)*

GINÉS.—Ahora, tú.

*(Asustado,* JUAN LUIS *se vuelve hacia él instantáneamente.* PARDO *le apunta con la pistola.)*

J. LUIS.—*(Trémulo.)* ¡Ya tienes tu víctima¡

*(Señala al cuerpo del* GENERAL.*)*

GINÉS.—Esa es la tuya. la mía eres tú.

*(Apunta cuidadosamente.* JUAN LUIS *retrocede.)*

J. LUIS.—No... ¡No!...
JULIA.—*(Sin volverse, con energía.)* ¡Sí!

*(*JUAN LUIS *se arranca el pasamontañas y la mira, despavorido. Sin dejar de apuntar,* PARDO *se quita el suyo y mira a* JUAN LUIS *con triunfal sonrisa. La luz abandona a los tres. Iluminados, los músicos continúan el* Adagio, *que gana fuerza.)*

TELÓN

# PARTE SEGUNDA

I

*(La escena, en penumbra. El rincón del lateral derecho ha sufrido una leve transformación. En lugar de la mesa de despacho hay un minúsculo velador con un crucifijo y un teléfono. Sentado en el sillón se halla EL PADRE ANSELMO. JUAN LUIS está sentado en la silla. Ambos, bien iluminados.)*

[P. ANSELMO.—No le preocupe la hora. Usted es siempre bien recibido en esta casa de oración.]

J. LUIS.—La consulta es delicada, Padre Anselmo.

P. ANSELMO.—*(Sonríe.)* [Estas paredes las oyen todos los días, y yo] soy su confesor.

J. LUIS.—Precisamente quería rogarle... que me oyese bajo secreto de confesión.

P. ANSELMO.—¿Tanta urgencia tiene?

J. LUIS.—Mucha.

*(Breve pausa. EL PADRE reclina su cabeza en la mano derecha, sin mirar al penitente.)*

P. ANSELMO.—Le escucho.

J. LUIS.—Hace años tuve amistad con un hombre de muy escasas prendas morales. Fue policía y no tardó en salirse del Cuerpo. Después... se dedicó a diversas actividades delictivas.

P. ANSELMO.—¿Cuáles?

J. LUIS.—[Asaltos a mano armada,] sabotajes... Atentados.

P. ANSELMO.—¿Un fanático?

J. LUIS.—Más bien un provocador profesional. Espionaje, policías paralelas...

P. ANSELMO.—Continúe.

J. LUIS.—Hace pocos días me lo he encontrado [por casualidad] y él ha querido hacerme creer que había venido a hablar conmigo de cierto negocio. Pero sospecho que mentía. Y temo que [el motivo de su presencia en la Capital sea el de... ejercer su oficio. Creo muy probable que] esté organizando un importante atentado.

P. ANSELMO.—¿Ha avisado usted a la policía?

[J. LUIS.—No.

P. ANSELMO.—¿Teme equivocarse? Aunque así sea, debe avisar para que lo vigilen.]

J. LUIS.—No he conseguido que me diga dónde se aloja. Sólo podrían seguirle la pista cuando viniese a verme. Y si lo notase, comprendería que yo había avisado.

[P. ANSELMO.—La policía es hábil y sabrá disimularse.

J. LUIS.—Se daría cuenta. Es más hábil que todos ellos.

*(Breve pausa.)*

P. ANSELMO.—Aunque él pueda sospechar de usted, no olvide que quizá haya vidas humanas en peligro. *(Un silencio.)*] ¿Por qué no ha dado aviso? *(Silencio.)* Le ayudaré. ¿Tal vez hay algo grave... que le une a ese hombre?

J. LUIS.—Sí. Y me ha dado a entender con medias palabras que, si lo atrapasen, lo revelaría.

P. ANSELMO.—¿Qué hubo entre usted y él?

J. LUIS.—*(Vacila.)* En mi juventud he sido pendenciero... Usted sabe, Padre, que eran otros tiempos... La agresividad nos parecía un deber, una defensa de España contra la subversión... En alguna ocasión... llegué a disparar.

P. ANSELMO.—¿Hirió a alguien?

J. LUIS.—Sí. No murió.

P. ANSELMO.—¿Y él lo sabe?

J. LUIS.—Lo sabe.

P. ANSELMO.—*(Suspira.)* Otros tiempos, cierto. De fanatismo, a veces bien intencionado... Pero están lejos, y [si no hubo por parte de usted más que una pasión política mal entendida, no hallo motivo de bochorno, aunque sí de pesar.] Revelaciones de incidentes parecidos vienen todos los días en la prensa. Si no me engaño, de su exaltación juvenil ya han hablado en ella, aunque sin mencionar a ningún herido. Sincérese conmigo, [pues supongo que no me lo ha contado todo.] Lo que me ha dicho no es razón suficiente para temer a ese hombre.

J. LUIS.—[Si no es imprescindible...,] preferiría no concretar más.

P. ANSELMO.—*(Se echa hacia atrás y habla con frialdad.)* [Hijo mío,] si no confiesa sus pecados no podré absolverlo.

J. LUIS.—*(Cabizbajo.)* No pretendo una absolución. Sólo un consejo.

P. ANSELMO.—*(Glacial.)* Para aconsejar también debo saber más.

J. LUIS.—*(Se retuerce las manos.)* ¿No puede hacerlo limitándose a saber que hay cosas más graves?

P. ANSELMO.—¡Sabe bien que no podría! ¿Confesó alguna vez lo que ahora se resiste a contarme?

J. LUIS.—No del todo... Hace años... no me parecía tan grave. Y mi confesor de entonces era más indulgente...

P. ANSELMO.—Usted ha sido un buen hijo de la Iglesia. [Jesucristo no lo va a separar de su rebaño porque sea un pecador.] Pero mientras no se entregue con humildad al sacramento de la Penitencia, nuestra Santa Madre no podrá servirse de usted como lo hacía hasta ahora... Supongo que lo comprende.

J. LUIS.–Y lo acato. Hoy sólo suplico opinión y consejo. La respuesta, sobre todo, a esta pregunta: ¿En ningún caso se debe dejar de evitar *la posibilidad* de una muerte?

P. ANSELMO.–*(Seco.)* Explíquese mejor.

J. LUIS.–[Tenga presente que] quizá [yo me equivoco y] ese hombre no tiene tales intenciones. Es solamente una sospecha, [aunque fundada.] Y tampoco es seguro que él acierte a burlar siempre a la policía, o que, si se comete el atentado, no escape con vida la víctima... No podemos estar obsesivamente pendientes de todas las posibilidades de muerte que siempre hay a nuestro alrededor.

P. ANSELMO.–Sofismas. Una muerte probable siempre debe evitarse.

> *(Se ha iluminado el lateral izquierdo y entra por él* DON JORGE, *con el desaliñado atavío que últimamente imagina en él* JUAN LUIS. *La extraña claridad que le circunda denota lo irreal de su presencia. Aunque no lo mira,* JUAN LUIS *se inmuta.* DON JORGE *cruza y, con risueño semblante, se sienta en el peldaño del salón, cerca de* JUAN LUIS.)

J. LUIS.–*(Incisivo.)* Hay muertes seguras que no se evitan.

P. ANSELMO.–¿Cuáles?

J. LUIS.–Las de las guerras. Muchos sacerdotes han justificado incluso las de nuestra Cruzada... y las ejecuciones posteriores a ella.

P. ANSELMO.–Toca usted un tema demasiado complejo para que nos engolfemos en él. Y no es su caso. Usted debe ahora atenerse a la voz de Cristo, que le dice: la vida humana es sagrada.

J. LUIS.–Padre, cuando fui ministro [en el anterior régimen,] hube de pronunciarme [en un consejo,] ante el jefe del Estado, a favor o en contra de la ejecución de un condenado. Lo recordará... Un hombre que vino a conspirar contra nuestra seguridad y cuyos antecedentes eran horribles. Hubo algún compañero de gabinete que, arrostrando la helada mirada de su excelencia, se atrevió a desaconsejar el cumplimiento de la pena. Yo me declaré partidario de la ejecución. ¿Y sabe por qué? Pues porque mi anterior confesor me había dicho que sería un escarmiento saludable, un acto de legítima defensa de nuestra paz y nuestra fe ante los turbios manejos de la Internacional roja... ¿Me recomendaría usted hoy lo mismo?

P. ANSELMO.—No.

J. LUIS.—Entonces, ¿cómo puedo saber cuál es la voz de Cristo?

(DON JORGE *ríe quedamente.*)

P. ANSELMO.—No juzgaré a aquel hermano en religión que fue su confesor... Vuelve usted a hablarme de otros tiempos. Todos hemos sido ciegos pecadores... Hoy le digo sin la menor duda interior: si sospecha que alguien va a causar la muerte de otra persona, debe impedirlo.

J. LUIS.—*(Baja la voz.)* ¿Porque ayer el muerto sólo era un rojo y hoy sería un general, o yo mismo?

P. ANSELMO.—*(Duro.)* ¡Eso lo dice usted, no yo!

J. LUIS.—Perdóneme. Estoy nervioso. ¿Querría escuchar todavía mi más honda preocupación?

P. ANSELMO.—Adelante.

J. LUIS.—[Sabe usted que] mi matrimonio está casi deshecho. Yo [hago cuanto puedo para evitarlo:] adoro a mi esposa y no quisiera que nuestra unión fracasase como la de tantísimas parejas que se dicen católicas.

P. ANSELMO.—En lo que hace usted muy bien. La integridad de la familia cristiana debe defenderse a toda costa, en bien de nuestra fe y de la estabilidad social.

J. LUIS.—¿A toda costa?

P. ANSELMO.—¿Tiene alguna duda?

J. LUIS.–Padre Anselmo, si yo denuncio a ese hombre, lo sorprenden en flagrante delito y él se desquita revelando las miserias que conoce de mí, Julia me abandonará.

P. ANSELMO.–¿Cómo puede asegurarlo?

J. LUIS.–¡Sé lo que digo! [Ya no querría vivir a mi lado.] Y no quiero perderla del todo. *(Breve pausa.)* ¿Qué me aconseja? *(El sacerdote medita, turbado.)* ¿Debo salvar mi matrimonio, lo que queda de él, o debo salvar a un desconocido y destruir mi matrimonio? *(Breve pausa.)* Pero no es seguro que haya atentado, ni tampoco que la nación vaya a hundirse aunque lo haya...

P. ANSELMO.–Hijo mío...

J. LUIS.–¡Lo preguntaré de otro modo! ¿Debo salvar las vidas de algún general o algún político que quizá no estén amenazadas y destrozar la de Julia y la mía, o preservar lo que pueda de mi unión con Julia a costa de una muerte sólo probable? ¿Cuál es la respuesta, Padre? (EL PADRE ANSELMO *vacila en contestar.)* Le confiaré aún mi pensamiento más torturante. Para defender lo que quede de mi hogar, para salvarlo acaso, ¿no debería yo confesarme a ella –a ella; no a usted– y arrostrar su desprecio? Y después, pero sólo después, ordenar que vigilen a mi amigo.

P. ANSELMO.–Confesárselo a ella, no lo creo aconsejable.

J. LUIS.–¿Es ésa la respuesta de la Iglesia?

P. ANSELMO.–Me guardaré de ser el portavoz de la Iglesia en asunto tan delicado. Sólo es mi respuesta: la de otro pecador. El amor humano es imperfecto... No es prudente mostrar nuestras peores mezquindades al ser a quien queremos; [creo más sensato callar y conservar así un resto de respeto mutuo. Sólo es perfecto el amor de Dios, o el que a través de Él llega a la santidad... Únicamente a Él debemos confiar nuestros más negros pecados... Pues nadie sino Él sabe y puede perdonarlos.] Sea dulce con su esposa, pero no rompa ante ella la limpia imagen de su autoridad marital. Así es como podrá defender mejor el pobre amor que todavía aliente entre ustedes... Proteja su matrimonio mientras pueda.

J. LUIS.—¿Aun cuando ya sea un fracaso?

P. ANSELMO.—Siempre hay esperanza. Nuestro Señor les ayudará a los dos.

J. LUIS.—Pues que Él nos ayude a todos. Porque, si no interpreto mal sus palabras, para proteger mi matrimonio deberé abstenerme de avisar a la policía de un atentado posible, pero no seguro.

(DON JORGE *se levanta.*)

P. ANSELMO.—*(Sin mirar a* JUAN LUIS.) Consulte con su conciencia, hijo mío. Y excúseme por no responderle con mayor precisión. Pero como usted no quiere decírmelo todo...

J. LUIS.—[Creo que ya he dicho demasiado.] *(Se levanta.)* Disculpe mi visita, Padre.

(*El sacerdote se levanta.* JUAN LUIS *le besa la mano. La luz empieza a crecer en el salón.* JULIA *y* CRISTINA *están sentadas junto al velador del teléfono.*)

P. ANSELMO.—Vuelva cuando quiera... a confesarse de verdad. Pero consulte con su conciencia.

J. LUIS.—*(Frío.)* Lo seguiré haciendo. Buenas noches, Padre.

P. ANSELMO.—Rezaré por usted.

J. LUIS.—Gracias.

(*Sale por la derecha, seguido de* DON JORGE. EL PADRE ANSELMO *sale a su vez. El rincón se oscurece. En el salón, plena luz artificial.* JULIA *enciende un cigarrillo.*)

CRISTINA.—No fumes tanto, mujer.

JULIA.—[Fumo menos ahora.] Es que estoy nerviosa.

CRISTINA.—¿Nos vamos a cenar? Hoy te invito yo.

JULIA.—En cuanto vuelva Juan Luis y le pregunte algo.

CRISTINA.—¿Qué es ese algo?

JULIA.—[Se me ha ocurrido esta tarde y] se lo quiero preguntar antes de que se me olvide. Porque se me olvidan las cosas, Tina...

CRISTINA.—Es un bloqueo mental causado por el deseo de no pensar en ellas.

JULIA.—[Puede ser.] Y también por el deseo, ¡tan frecuente en mí!, de no pensar... en nada. Pero esto se lo voy a preguntar en cuanto aparezca.

CRISTINA.—¿El qué?

JULIA.—No debí decirle que no le volvería a hablar de ello.

CRISTINA.—¿Te refieres a cuando le llamaste necio [por haber caído en la trampa de aquel policía?]

JULIA.—¿No te parece que no es lógico su silencio? Tendría que haber insistido en preguntar de qué le hablaba. [Y no lo ha hecho.]

CRISTINA.—No se lo plantees delante de mí.

JULIA.—¿Cómo que no? Tú eres la garantía de que Fermín no dio mi nombre.

[CRISTINA.—Como quieras. Pero...

JULIA.—]¿Has averiguado algo más de ese Ginés Pardo?

CRISTINA.—Sólo que Gabriel cree recordarlo de cuando estuvo detenido. [Desde luego un tipo duro y avieso.] Pero voy a hablar con otros compañeros de entonces.

> *(Conmovida,* JULIA *le pone una mano en el brazo.)*

JULIA.—Tina, ¿por qué me ayudas tanto? Haces mucho más que un doctor.

[CRISTINA.—*(Con púdica frialdad.)* Me lo pregunto a veces. ¿Qué me importan a mí las desdichas de este matrimonio de ricos?

JULIA.—*(Baja la cabeza.)* Tienes razón.]

CRISTINA.—[Hay un motivo y no es el de nuestra antigua amistad. Por favor, no te molestes al oírlo...].Te ayudo por él. Por la memoria de Fermín.

JULIA.—*(Tímida.)* ¿Le... quisiste?

CRISTINA.—*(Ríe.)* [¡No seas novelera!] Sólo como a un buen camarada. *(Grave.)* Pero eso, para mí, es importante.

> *(Entra por la izquierda* JUAN LUIS. *Envuelto en su vago halo de claridad, le sigue* DON JORGE. *Nada más penetrar, su irreal figura se dirige a la butaca de la izquierda y se sienta en ella.)*

J. LUIS.—Hola, pareja. ¿Aún no habéis cenado? [Yo lo hice en el Congreso.]

JULIA.—[Nosotras] cenaremos fuera.

J. LUIS.—*(Risueño.)* Como todas las noches...

> *(Va al mueble de las bebidas.)*

CRISTINA.—No exageres.

J. LUIS.—¡Si me parece muy bien! Gracias a ti, Julia está mucho más animada [estos días.] *(Prepara su vaso.)* ¿Queréis beber algo?

CRISTINA.—Yo no, gracias. ¿Cómo va ese Congreso?

J. LUIS.—Con bastantes problemas, como bien sabes. Las izquierdas parecen empeñadas en impedir que se gobierne y se legisle...

CRISTINA.—¿No será al revés?

J. LUIS.—¡Por Dios, Cristina! Cuando no la arman por las centrales nucleares, lo hacen por el ingreso en la OTAN, o por la repartición de las cargas fiscales, o por las policías autonómicas...

CRISTINA.—O por el paro, o por el terrorismo...

J. LUIS.—[O por el terrorismo.] Del que nos echamos la culpa unos a otros y al que entre todos estamos dando alas.

CRISTINA.—Pues allá cada cual con su conciencia.

J. LUIS.—*(Bebe un trago y avanza.)* Cristina, dentro de pocos días es el aniversario de nuestra boda. Julia se alegrará mucho si vienes a cenar y a pasar la velada.

[CRISTINA.—Gracias. Lo que ella diga.

J. LUIS.—Dirá que no nos faltes.] Habrá concierto: [un trío de cuerda excelente.] *(A* JULIA.) ¿A que no sabes cuál será la primera pieza?

JULIA.—El Trío Serenata de Beethoven.

J. LUIS.—*(Ríe.)* Lo esperabas, ¿eh? *(A* CRISTINA.) Le encanta esa pieza.

JULIA.—Sobre todo, el primer tiempo.

J. LUIS.—*(Asiente.)* La Marcha. Eufórica, brillante... Es magnífico que a Julia le apasione una música tan alegre.

JULIA.—Más que alegre..., arrebatadora.

J. LUIS.—¡Exacto! Tú lo has dicho a menudo: esa Marcha es como un himno a la vida, a la esperanza en el futuro...

> (CRISTINA *los mira, desazonada. Él bebe, y se interrumpe porque, sin mirarlo, nota que la mano de* DON JORGE *parece dar una vaga orden hacia el tapiz del fondo. Tras él y muy amortiguadas, empiezan a oírse las notas de la* Marcha. *El semblante de* JUAN LUIS *acusa que, evidentemente, las recuerda. Las mujeres no parecen advertir nada.)*

JULIA.—No son palabras mías.
J. LUIS.—¿Cómo?

> *(La música cesa.)*

CRISTINA.—*(Se levanta.)* Voy a prepararme un *whisky.*
J. LUIS.—Yo te lo sirvo.

CRISTINA.—No, tú no te molestes.

(*Va al mueble de las bebidas y se prepara una.*)

JULIA.—Esas palabras acerca de la Marcha no se me ocurrieron a mí.
J. LUIS.—¿A quién?
JULIA.—A Fermín.

(CRISTINA *los observa discretamente. No tiene ninguna prisa en preparar su vaso.*)

J. LUIS.—Nunca me lo dijiste.
JULIA.—¿No? Pues ya te lo he dicho. (*Se levanta, va a la otra mesa, toma un pitillo y lo enciende.* JUAN LUIS *la observa, bebe y se sienta lentamente. Ella emite una bocanada de humo y pasea.*) ¿No tienes nada que preguntarme, Juan Luis?
J. LUIS.—¿Yo?

(CRISTINA *se recuesta en el mueble y bebe.*)

[JULIA.—Desde hace un par de días.
J. LUIS.—No creo...]
JULIA.—¿No te intrigó hace dos tardes que te llamase necio por haber creído hace años una burda engañifa?
J. LUIS.—(*Después de un momento.*) Sí me intrigó.
JULIA.—Pero no me has pedido que te aclare mis palabras.
CRISTINA.—Julia, deja eso para más tarde. Tenemos que irnos...
JULIA.—¡Por favor, no interrumpas!

(*Va a hablarle a su marido; él se adelanta.*)

J. LUIS.—Dijiste que no volverías a hablarme de la cuestión. Por eso no te he preguntado nada.

JULIA.—Gracias por la delicadeza. Ahora sí me interesa hablar de ella.

J. LUIS.—No te creas obligada a explicar...

JULIA.—¿Obligada? Eres tú quien está obligado a dar una explicación.

J. LUIS.—¿De qué?

CRISTINA.—Julia, yo...

J. LUIS.—*(Amargo.)* [No te preocupes, Cristina. Bien veo que] Julia tiene más confianza contigo que conmigo. No hace falta que desaparezcas.

> (CRISTINA *suspira y cruza despacio, llevando su bebida, para sentarse en el sofá.)*

[JULIA.—¿No sabes a qué me refería anteayer? ¿O lo sabes?

J. LUIS.—Dímelo tú.]

JULIA.—¿Nunca has sospechado, [en todos estos años,] que aquel odioso inspector mintió al decir que Fermín me había acusado?

J. LUIS.—Al pronto, no [lo pensé.

JULIA.—*(Suave.)* ¿No? Y el comisario, ¿qué te dijo? ¿Te confirmó la delación de Fermín?

J. LUIS.—No exactamente.

JULIA.—¡Ah! ¡Esa versión es nueva!

J. LUIS.—No lo negó..., ni lo afirmó.

JULIA.—¡No me lo dijiste así!

J. LUIS.—Ni así ni de ningún otro modo. Te había sacado del aprieto y eso me bastaba. Entonces no sospeché nada.

JULIA.—*(Nerviosa, fuma y se sienta a su lado.)* ¿Ni después?

J. LUIS.—] Mucho después..., sí. Pensé si no habría sido una treta para hacerte hablar...

JULIA.—Y tampoco me lo dijiste.

J. LUIS.—Como ves, no eres la única en callar años y años ciertas cosas.

JULIA.—*(Le aferra un brazo.)* ¡Lo que yo haya podido callar, a nadie perjudicaba! Pero tu silencio... *(Se*

*levanta, sofocada.)* [¡Tu silencio...] es inconcebible!
*(Pasea, muy alterada. Pendiente de ella,* CRISTINA *se
incorpora un tanto.* JULIA *se vuelve hacia* JUAN LUIS.)
¿Estábamos ya casados cuando lo sospechaste?

J. LUIS.—Sí.

JULIA.—¿Oyes, Tina? *(Pasea.)* Su silencio no fue gravísimo. Como ya estábamos casados, sólo fue muy grave.
Dejó, [a conciencia,] que yo siguiese pensando lo peor
de Fermín. [*(Se le quiebra la voz.)* Prefirió, sin duda, que
yo le siguiese aborreciendo.]

J. LUIS.—Julia, no lo interpretas bien...

JULIA.—[No discursees.] *(Apaga su cigarrillo en un
cenicero de la mesa.)* Vámonos, Tina.

> (CRISTINA *se levanta y recoge su bolso.* JULIA
> *va hacia la izquierda.)*

J. LUIS.—*(Se levanta.)* ¡No! (JULIA *se detiene y lo mira.)*
Vas a escucharme. *(Ella intenta seguir su marcha.)*
¡Espera! *(Corre a su lado y se interpone entre ella y la
puerta.* CRISTINA *se acerca poco a poco.)* No te dije nada
porque no estaba seguro.

JULIA.—¡Déjame pasar!

J. LUIS.—¿Estás tú segura de que él no te acusó?

CRISTINA.—Fermín no la acusó, Juan Luis.

J. LUIS.—¿Cómo lo sabéis? [Su declaración no sería
una prueba; el comisario accedió a que el nombre de
Julia no apareciese en ella.]

CRISTINA.—Tenemos la evidencia moral. A mí, por
ejemplo, no me delató.

J. LUIS.—¡Pues yo nunca tuve esa evidencia, y
tampoco hoy!

> *(Toma a* JULIA *de un brazo.)*

JULIA.—¡Déjame!

CRISTINA.—*(Da un paso hacia ellos.)* Cuidado, Juan
Luis.

J. Luis.—*(Zarandea a su mujer.)* ¡Por eso nunca deseché la posibilidad de que te hubiese acusado!

JULIA.—¡Suéltame!

J. Luis.—¡Y por eso he callado!

JULIA.—*(Intenta desasirse.)* ¡No te creo!

J. Luis.—¡Para no remover más algo quizá repugnante!

JULIA.—*(Grita.)* ¡Nunca te creeré!

*(Exhala un gemido. Se aflojan sus miembros.)*

J. Luis.—*(La sujeta.)* ¡Julia! Ayúdame, Cristina. Se me cae.

*(CRISTINA suelta el bolso y corre a su lado.)*

JULIA.—*(Con un hilo de voz.)* Me siento... mal.

*(CRISTINA comprueba aprisa su pulso mientras la sostiene.)*

CRISTINA.—*(A* JUAN LUIS.*)* Le tomé antes la tensión. La tiene muy baja. *(A* JULIA.*)* ¡A la cama ahora mismo!

JULIA.—¿No... salimos?

CRISTINA.—*(Pasa un brazo de ella por su cuello.)* ¡A la cama! *(A* JUAN LUIS.*)* Avisa a la doncella.

*(JUAN LUIS corre al lateral y toca un timbre con insistencia. CRISTINA conduce a JULIA hacia la derecha.)*

JULIA.—*(Se detiene.)* Tina... Ya no sé qué pensar.

*(Entra PEPITA por la izquierda.)*

PEPITA.—¿Llaman los señores?

*(JUAN LUIS corre al lado de JULIA.)*

CRISTINA.—Ayúdeme a llevarla a la alcoba. Que se acueste y que tome quince gotas de Tensol en un vaso de leche con azúcar.

PEPITA.—Sí, señorita. *(Va a su lado y pasa por su cuello el otro brazo de* JULIA.) ¿Qué le pasa?

CRISTINA.—Una baja de tensión. No es grave.

*(Dan unos pasos.)*

JULIA.—Vete, Cristina. Bastante... nos has soportado hoy. [Pepita me ayudará.]

PEPITA.—[Sí, señora. Yo puedo sola.] Apóyese bien en mí.

*(Despacio, se dirigen las dos a la derecha.)*

J. LUIS.—No he debido acalorarme. Lo siento, Julia. Iré a hacerte compañía en seguida, si me lo permites.

*(Ella se detiene un instante, lo mira hondamente y sale por la derecha apoyada en la doncella.)*

CRISTINA.—[No te inquietes.] Mañana estará bien. Yo vendré [a visitarla] lo antes que pueda.

J. LUIS.—Gracias.

CRISTINA.—*(Recoge su bolso.)* Tengo que irme ya. Buenas noches, Juan Luis.

*(Inicia la marcha.)*

J. LUIS.—[Por favor,] no te vayas todavía. No has acabado tu vaso... *(Lo recoge y se lo tiende.)* [Siéntate y] óyeme unas palabras mientras lo terminas. *(Le indica el sofá. Con el vaso en la mano y sin soltar su bolso, ella se sienta.)* ¿Cómo la encuentras? *(Ella va a hablar.)* Me refiero a su estado psíquico. (CRISTINA *lo mira, cavilosa.)* [Supongo que me puedes hablar con sinceridad... Soy su marido.

CRISTINA.—No me llamaste tú, sino ella.

J. LUIS.—*(Reprime su impaciencia.)* ¡No te pido que me reveles nada! Sé perfectamente que está muy deprimida y sólo te pido tu impresión... Tu consejo.]

CRISTINA.—Siento decirte que mi impresión no es buena. La encuentro, [realmente,] muy abatida. Creo conocer, sin embargo, los motivos de su estado de ánimo. Y me parece que ella los va comprendiendo [cada vez más.] Esto, en principio, es favorable... Pero, si te he de hablar con franqueza, tampoco me da muchas esperanzas.

J. LUIS.—¿Por qué?

CRISTINA.—Son motivos muy prolongados y su rectificación es ya difícil. Habrá que irse conformando con los medicamentos, aunque yo no cejo en mi propósito de que halle renovadas razones para vivir.

J. LUIS.—¿Qué podría hacer yo?

CRISTINA.—¿De verdad quieres mi opinión?

[J. LUIS.—Por favor.

CRISTINA.—¿Y si no te gusta?]

J. LUIS.—Estoy dispuesto a ayudarla más de lo que imaginas.

CRISTINA.—¿Llegarías a aceptar... una separación?

J. LUIS.—*(Se yergue, herido.)* ¿Ése es tu consejo?

CRISTINA.—Sí.

J. LUIS.—Lo que significa que, a tu juicio, soy yo el culpable de su enfermedad.

CRISTINA.—Más bien la convivencia, que no es auténtica. El error de vuestro matrimonio es lo que la ha aniquilado.

J. LUIS.—*(Irritado.)* ¡Por mi parte no hubo error! ¡La quería y la quiero! Y he vivido pendiente de ella.

CRISTINA.—Sí... Es algo que he pensado a menudo. Me extrañaba que tú la amases tan vivamente después de tantos años. Creo haberlo comprendido y no me parece que puedas enorgullecerte de tu pasión por ella.

J. LUIS.—*(Se le arrasan los ojos.)* Es lo más noble de mi vida.

CRISTINA.—Tal vez. Pero es, sobre todo, tu fracaso. [Ella no te quiere, y probablemente nunca te quiso. Por eso tú la amas, a pesar de la erosión de los años.]

J. LUIS.—No sé si te entiendo.

CRISTINA.—La quieres [tanto] como cuando la pretendías porque, muy adentro, sientes que nunca la has conseguido. En tu cariño no hay abnegación, sino vanidad contrariada.

J. LUIS.—¡No es cierto!

CRISTINA.—¿No? Entonces repito la pregunta. ¿Te avendrías a separarte de ella?

J. LUIS.—Antes de llegar a ese desastre. habrá que agotar otros medios.

CRISTINA.—El peor desastre es el de permanecer artificialmente juntos.

J. LUIS.—*(Se levanta, violento, y va de aquí allá.)* ¡Es absurdo! Ni siquiera me lo ha propuesto ella.

CRISTINA.—¿Y si lo hiciese?

J. LUIS.—*(Se detiene y la mira, torvo.)* Sería porque tú se lo habrías sugerido.

CRISTINA.—*(Se levanta.)* Me has pedido mi opinión [de doctora.] Pues ya la tienes. Julia se irá apagando hasta... el marasmo, a no ser que os separéis.

J. LUIS.—¡Qué insolencia y qué petulancia! Un médico no puede hablar con esa seguridad.

> *(Cerca de* DON JORGE *se sobrecoge. Parece presa de la confusión y el temor.* PEPITA *entra por la derecha y carraspea discretamente.)*

PEPITA.—Con permiso.

J. LUIS.—Pasa, Pepita. ¿Cómo está la señora?

PEPITA.—Parece tranquila y dice que tiene sueño. ¿Desea el señor que me quede levantada por si me necesita... para algo?

> *(CRISTINA desvía la vista con un gesto de desdén.)*

J. LUIS.—No, gracias. Yo cuidaré de la señora.
PEPITA.—Buenas noches.

*(Cruza y sale por la izquierda.* JUAN LUIS *se
enfrenta a* CRISTINA. *Ella levanta su mano.)*

CRISTINA.—No necesito más palabras. Julia y tú no os
separaréis mientras puedas evitarlo. El señor diputado y
ex ministro no destruirá la fachada de su hogar.
J. LUIS.—Era de esperar que lo dijeses a tu modo. Te
lo explicaré yo al mío. Somos imperfectos y nuestras
uniones lo son también. Pero son pruebas que debemos
soportar con caridad mutua. Mientras en un matrimonio uno de los dos ame, hay esperanza. Y yo amo a
Julia.
CRISTINA.—Tal vez, pero sin caridad. Adiós.

*(Cruza y se detiene a la voz de* JUAN LUIS.)

J. LUIS.—*(Con la repentina crispación del odio en los
ojos.)* Cristina, tú has venido a desunirnos. No puedo
decirte que no pises esta casa mientras Julia te llame,
pero me gustaría verte lo menos posible por aquí.
CRISTINA.—Cuando yo vine, ya estabais desunidos.

*(Sale por la izquierda.* JUAN LUIS *la ve marchar; después, eludiendo la figura de* DON
JORGE, *mira a su alrededor. Pasa ante la talla
de Jesús y la contempla con aprensión; luego
inclina la cabeza y sale por la derecha. Larga
pausa, durante la cual la luz cambia y la
atmósfera del salón se torna extraña. Una ver-
dosa claridad se expande sobre el tapiz del
fondo, que no se alza.* DON JORGE *se levanta y
va lentamente hacia la derecha. Bajo un frío
resplandor,* JUAN LUIS *reaparece en la puerta.*
DON JORGE *se detiene. Adormilado,* JUAN
LUIS *muestra ahora el cabello algo revuelto,*

*calza pantuflas y viste una elegante bata casera.* DON JORGE *extiende su brazo y* JUAN LUIS *toma su mano.* DON JORGE *lo conduce al centro de la estancia y allí lo abandona, situándose él de frente, ante el tapiz, con los brazos cruzados e inmóvil.* JUAN LUIS *parece reanimarse. Alza el rostro y mira en torno de sí. Dos potentes haces de gélida luz entran por las dos puertas. En la de la derecha aparece* EL VIOLINISTA, *con abrigo, sombrero y guantes negros. En su cuello, el brillo de una blanca chalina de seda. Con idéntico indumento,* EL VIOLONCHELISTA *entra por la izquierda. Ambos músicos avanzan unos pasos y se detienen. Sobrecogido,* JUAN LUIS *los contempla.)*

J. LUIS.—Mi mujer está enferma.

VIOLIN.—Estará bien mañana.

*(Los músicos empiezan a despojarse de los guantes. Después de descubrirse los dejan en los sombreros, que tienden a* JUAN LUIS. *Perplejo, él los recoge y los deja en una butaca.)*

J. LUIS.—La fiesta no es esta noche.

[VIOLIN.—*(Se está quitando el abrigo.)* No.

J. LUIS.—Podéis iros.]

CHELO.—*(Mientras se quita el abrigo.)* Usted no deja de convocarnos.

*(Los dos músicos siguen vestidos de frac.)*

J. LUIS.—*(Recoge los abrigos y las chalinas.)* ¿Yo?

VIOLIN.—Tú.

*(Se sienta en el sofá.* JUAN LUIS *deposita las prendas sobre los sombreros.)*

CHELO.—Tocaremos para usted.

J. LUIS.—¿Qué farsa es ésta? No sois músicos.

VIOLIN.—¿No recuerdas los instrumentos?

J. LUIS.—Tú... estudiabas medicina.

[D. JORGE.—¿No se acuerda de la viola solitaria?

J. LUIS.—*(Se vuelve a mirarlo.)* Usted era... su padre.]

CHELO.—¿Y yo?

J. LUIS.—A ti no te recuerdo.

VIOLIN.—Se comprende. *(A su compañero.)* Sólo te vio en fotografía.

[J. LUIS.—*(Al* VIOLONCHELISTA.) ¿A ti?

CHELO.—Sí.]

(JUAN LUIS *se acerca y escruta su faz.)*

J. LUIS.—¿Quién eres?

CHELO.—¿Por qué me tutea? [Conmigo no habló nunca.]

D. JORGE.—Como a los criados, a los camareros, [al fontanero,] al conserje... Se siente superior. [Paternal.]

VIOLIN.—Todo un padre de la patria.

D. JORGE.—Y ese hombre estaba tan por debajo de él...

J. LUIS.—¿Por debajo?

CHELO.—Eladio González, para servirle. Ahora toco el violonchelo.

*(Va al sofá y se sienta.)*

J. LUIS.—*(Con una leve indicación hacia el fondo.)* ¿No subís al mirador?

VIOLIN.—¿Qué mirador?

J. LUIS.—*(Se aleja unos pasos hacia la izquierda.)* El que hay... detrás de ese tapiz.

*(Los dos visitantes se miran y empiezan a reír, suave y largamente. Con rebozo,* DON JORGE *ríe también.)*

D. JORGE.—No hay ningún mirador detrás del tapiz.

(*Los músicos niegan con los dedos, muy regocijados.*)

J. LUIS.—(*Amedrentado.*) ¡Los instrumentos están ahí!

D. JORGE.—Usted sabe que tras el tapiz hay una pared.

J. LUIS.—(*A los músicos.*) Tocabais en el mirador... y ahora recuerdo que no lo hay.

D. JORGE.—Y a Eladio González, ¿lo recuerda? (JUAN LUIS *mira al* VIOLONCHELISTA, *menea negativamente la cabeza y se deja caer en la butaca de la izquierda.*) Es natural. Apenas recuerda ya un nombre que no era más que el de un vulgar criminal.

J. LUIS.—(*Se endereza.*) ¿Cómo ha dicho?

D. JORGE.—Un conspirador... [Un vencido] que regresa del extranjero con las peores intenciones.

J. LUIS.—(*Al* VIOLONCHELISTA.) ¿Tú? No te pareces.

VIOLIN.—Las fotos eran malas.

CHELO.—Usted votó mi muerte en el consejo de ministros. [Cuando lo hizo, me estaban golpeando. Ya no me duele.]

J. LUIS.—(*Colérico.*) ¿Y qué quieres de mí?

CHELO.—Nada. Ya me mataron.

J. LUIS.—Tú te lo buscaste. [Habías venido a cometer...

D. JORGE.—¿Qué delitos?

J. LUIS.—]¡Pretendías provocar el caos!

CHELO.—[Vaya lenguaje.] Sólo el cambio de régimen.

J. LUIS.—Para lo que ibas a desplegar todo un plan de sabotajes, atentados... [En mi casa estás de más.]

CHELO.—Nunca estuvieron en mi programa los atentados.

J. LUIS.—Los programas mienten.

CHELO.—¿Los cometí?

J. LUIS.—No, pero...

VIOLIN.–Y sin cometerlos, ¿merecía la muerte que tú votaste?

[J. LUIS.–Casi todos la votaron.

CHELO.–Ya lo sé. ¿Merecía la muerte?]

J. LUIS.–*(Torvo.)* Tuviste un juicio. Y en él salieron a la luz todos tus crímenes en nuestra guerra. ¿Merecían la muerte los mártires a quienes torturaste y asesinaste entonces? *(Los dos músicos ríen. DON JORGE sonríe. JUAN LUIS se levanta, enardecido.)* ¿Os atrevéis a reíros de aquella sangre?

> *(Las risas cesan de repente. Los visitantes se miran.)*

CHELO.–La sangre derramada nos mancha a todos. [Entonces y después.] No nos reímos de ninguna sangre.

D. JORGE.–Se ríen de usted, [señor Palacios.]

J. LUIS.–¿De mí?

VIOLIN.–*(Con triste sonrisa.)* Todos los días [nos] decís [tú y otros] que es preciso dejar atrás aquella guerra. Y matasteis a Eladio González por supuestos y no bien demostrados crímenes de aquella guerra. ¿En qué quedamos?

D. JORGE.–Nada más terminar la tragedia, los más grandes crímenes cometidos contra los vencidos fueron perdonados por un curioso decreto.

VIOLIN.–Y más de treinta años después, cuando todo crimen real o supuesto prescribe [legalmente,] matáis a Eladio González.

[CHELO.–Durante años y años, dos varas de medir.

VIOLIN.–]¿Habrá que recordar y olvidar según os conviene?

J. LUIS.–*(Se acerca al proscenio.)* Hace muchos años de aquella ejecución... Otros tiempos. ¡Y yo era un niño en nuestra guerra!

CHELO.–[Nosotros] no hemos venido para recordarla. Es usted quien la ha recordado.

VIOLIN.—Creemos, como tú, que hay que dejarla
atrás.

D. JORGE.—Pero no pretenda que los años posteriores
se borren igualmente.

VIOLIN.—*(Se levanta.)* A esos años sí hay que juz-
garlos. Y a los que en ellos se hicieron hombres.

D. JORGE.—Como usted.

J. LUIS.—*(Se acerca al veladorcito.)* ¿Y vosotros sois
mis jueces?

VIOLIN.—Nadie te juzga, salvo tú mismo.

CHELO.—*(Se levanta.)* No somos más que un poco de
viento y música.

> *(JUAN LUIS se deja caer en una silla del
> velador. Una pausa.)*

J. LUIS.—He cometido errores. [Todos los come-
temos.] Pero he creado riqueza, prosperidad...

VIOLIN.—¿Te refieres al dinero que has sacado fuera?

J. LUIS.—¡Creo en la democracia y contribuiré a sal-
varla!

VIOLIN.—*(Da un paso hacia él.)* ¿Avisarás entonces a la policía? (JUAN LUIS *se estremece.)* Tu amigo
sí es un terrorista. No es como Eladio González, a
quien condenaste.

> *(Rodeada de un dulce fulgor, JULIA entra por
> la derecha y se acerca despacio a ellos.)*

D. JORGE.—*(Se aproxima también a JUAN LUIS.)* El
peligro aumenta cada día.

CHELO.—*(Se acerca a JUAN LUIS.)* Cada hora.

J. LUIS.—*(Oculta el rostro en sus manos.)* No puedo.

JULIA.—*(Está ya a su espalda.)* Dímelo todo...

> *(Él descubre su faz contraída, sin volverse.)*

J. LUIS.—¡No puedo!

JULIA.—Adiós...

*(Se aleja y sale por la izquierda.)*

VIOLIN.—*(A media voz.)* Dice que la quiere.
CHELO.—Porque nunca la tuvo.
D. JORGE.—Ni la tendrá.

*(Una pausa. Con los ojos dilatados, JUAN LUIS se siente invadido por una pavorosa suposición.)*

VIOLIN.—¿Continuamos el concierto?
CHELO.—Cuando quieras.

*(Se alejan unos pasos.)*

J. LUIS.—¡Esperad! *(Ellos se detienen y le escuchan.)* He comprendido. No sois tres... Eres uno solo. Ten piedad de mí, porque ella me ha abandonado. Que tu bondad infinita me lo perdone todo y me ayude. No soy digno de estas visiones. Ilumíname y enséñame el camino. Sin tu ayuda, no sabré hallarlo.

*(Un tanto perplejos, los visitantes se miran.)*

CHELO.—¿Está rezando?
D. JORGE.—*(Con leve sonrisa.)* Así parece.
VIOLIN.—¿A nosotros?
D. JORGE.—Ya supondréis por quién nos toma.
VIOLIN.—¿Será posible?

*(De pronto, EL VIOLONCHELISTA rompe a reír. EL VIOLINISTA se contagia y ríe con ganas.)*

CHELO.—*(Riendo.)* No tiene remedio.

*(Va al sofá y se sienta.)*

VIOLIN.—*(Riendo.)* ¿Y si en vez de lo que piensas fué-
semos el diablo?

J. LUIS.—¡No!

VIOLIN.—*(Se sienta en una butaca.)* ¿Conque el señor
se cree visitado por la Suma Grandeza?

CHELO.—*(Entre risas.)* O por el gran Tentador. El caso
es sentirse importante.

J. LUIS.—*(Cierra los ojos y musita.)* No me castigues
con tu sarcasmo.

D. JORGE.—*(Ríe con mesura.)* Un megalómano. Y no
es más que un gusanillo.

*(Va a la butaca de la izquierda y se sienta.)*

J. LUIS.—*(Abre los ojos.)* Puede volver la dictadura.

CHELO.—Evítelo.

J. LUIS.—Imposible.

D. JORGE.—Si vuelve el fascismo no se preocupe. Ya
le dije que tendrá un puesto entre nosotros.

J. LUIS.—¿Usted?

D. JORGE.—Bueno... Lo dijo don Jorge. *(Terrible.)*
¡Ahora se lo digo yo!

*(JUAN LUIS se levanta bruscamente. Los tres
visitantes le miran muy atentos, sin moverse.
Angustiado y sin dejar de observarlos, retrocede JUAN LUIS hacia la derecha del fondo.
Las cabezas de sus visiones giran hacia él
mientras se desplaza.)*

VIOLIN.—¿Vas a tu alcoba? Ya estás en ella.

CHELO.—Y en su cama.

J. LUIS.—*(Negando.)* No sé dónde estoy. Pero no en
una pesadilla.

D. JORGE.—¿Por qué no?

J. LUIS.—Las visiones y las palabras nunca son tan
coherentes en la noche.

D. JORGE.—¿Quién lo sabe? Dicen eso porque todo se deforma y se olvida al despertar.

(JUAN LUIS, *que niega y niega, se vuelve de pronto hacia el crucifijo y se arrodilla.*)

J. LUIS.—¡Señor, líbrame de estos demonios!
CHELO.—¡Qué manía!
VIOLIN.—¿Otra vez?
D. JORGE.—*(Se levanta.)* Siempre fue un niño obstinado. *(Enérgico.)* ¡Palacios, levántese! *(Aterrorizado, JUAN LUIS se levanta y los mira. DON JORGE le indica el velador.)* ¡Vuelva a sentarse!

(*Sumiso y despavorido,* JUAN LUIS *retorna al velador.*)

VIOLIN.—*(Cuando pasa ante él.)* No tiembles. Olvidarás esta noche.
D. JORGE.—Aunque no del todo.

(JUAN LUIS *se sienta.*)

VIOLIN.—*(A su compañero.)* Está muy afectado.
CHELO.—Le acunaremos con el Adagio del Trío Serenata.
VIOLIN.—No. Otro tiempo más divertido, que le anime.
CHELO.—¿El Alegreto a la Polaca?
VIOLIN.—Excelente.

(*Los dos músicos se ponen de acuerdo con un gesto. Algo amortiguados, prorrumpen en el aire los vivos compases del* Alegreto *beethoveniano. Los músicos no se mueven.* JUAN LUIS *escucha unos segundos.*)

J. LUIS.—¿Quiénes tocan?

VIOLIN.—Nosotros.

> *(A JUAN LUIS se le cierran los párpados. Mientras su cabeza se va venciendo, la escena se oscurece y la música se extingue dulcemente. Por unos instantes, cortinas.)*

## II

*(Es de noche. El salón, bien iluminado. El tapiz, en su sitio. Las dos puertas, cerradas. A la derecha, sentado en el peldaño y recostado en la pared del rincón, el* DON JORGE *irreal del traje desaliñado. Sentado a la derecha del veladorcito y de espaldas a su fantástico acompañante,* JUAN LUIS *tiene su mano puesta sobre el teléfono.)*

D. JORGE.—*(Con voz íntima.)* Ginés Pardo aguarda desde las ocho y media en punto y estará receloso. Son cerca de las nueve. Aún tengo tiempo: un telefonazo y la policía vendrá rápidamente. [Bastará con encarecer que sea muy discreta al seguirle.] Pero no: él se percataría... *(JUAN LUIS se palpa el bolsillo derecho.)* Estoy armado. Pero él no va a agredirme a cara descubierta, sería un disparate... ¡Ea, hay que decidirse! *(JUAN LUIS mueve un poco su cabeza hacia la derecha.* DON JORGE *sonríe.)* Imaginar un insistente acompañante no es demencia. Sólo sobreexcitación... Es advertir [lo que pocos notan:] cuánto se parece la cordura a la locura. *(JUAN LUIS suspira, resuelto.)* No puedo hacerle esperar más. Hay que recibirle sin llamar a la policía. Que sea lo que Dios quiera. *(JUAN LUIS se levanta y se dirige a la derecha.* DON JORGE *se levanta y, desde su sitio, lo ve marchar. Inquieto por ese supuesto movimiento a sus espaldas,* JUAN LUIS *se detiene.)*

J. LUIS.—¡Qué obsesión más estúpida! Ahora sólo hay que pensar en Ginés. *(DON JORGE da media vuelta y sale entre la penumbra del primer término derecho.* JUAN LUIS *llega a la puerta de la izquierda y la abre con su mejor sonrisa.)* ¡Adelante, Ginés! [Perdona mi retraso.] *(También muy sonriente,* GINÉS *entra y se dan la mano.)* Un compañero de la minoría parlamentaria me ha tenido al teléfono con asuntos urgentes... ¡Siéntate!

GINÉS.—Gracias.

> *(Cruza.* JUAN LUIS *cierra la puerta.)*

J. LUIS.—¿Un *whisky?* ¿Un jerez?

GINÉS.—No por ahora, [gracias.]

> *(Ha llegado al extremo del salón y abre la puerta de la derecha para mirar.)*

J. LUIS.—*(Sorprendido.)* ¿Qué haces?

GINÉS.—*(Cierra y se vuelve con los ojos chispeantes de burla.)* Mantener la guardia...

J. LUIS.—*(Molesto.)* Sabes que yo nunca haría nada contra ti.

GINÉS.—Creo saberlo. *(Se sienta en el sofá.)* Pero, después de las cosas raras que has pensado de mi viaje... y de volverme a recibir con una pistola en el bolsillo...

J. LUIS.—[Tienes razón.] Suelo cogerla por la mañana y se me olvida que la llevo... *(La saca.* GINÉS *no le pierde de vista.)* Mira, aquí la dejo. *(La deposita sobre el mueble de las bebidas.)* Fui yo quien te previno de que la vigilancia era enorme, recuérdalo.

GINÉS.—Ya lo he visto por las calles. Pero como mi viaje es pacífico...

> *(Mira su reloj.)*

J. LUIS.—*(Va hacia él.)* [He sido muy tonto llegando a pensar otra cosa. ¡Y] tengo para ti una buena noticia! *(Se sienta en la butaca más cercana.)* El lunes a las once nos esperan a los dos en Indelecsa.

GINÉS.–*(Menea la cabeza con pesar.)* [Cuánto] siento haberte molestado inútilmente...

J. LUIS.–¿Qué me dices?

GINÉS.–No hemos podido convencer al otro hermano [de que venda.] Ni siquiera ofreciéndole sus veinticinco millones al contado... Una lástima. *(Pausa.)* Con tu permiso.

> *(Saca un pitillo de la cigarrera de mesa y lo enciende.)*

[J. LUIS.–Si nos das su nombre y el de la finca, Indelecsa podría quizá persuadirle. No olvidaríamos por ello tu comisión.

GINÉS.–Mira, yo, de estos asuntos, entiendo lo mío. Esa gente no vende ya ni aunque le ofrezcas el doble. Es negocio perdido.

> *(Fuma.]* JUAN LUIS *lo mira fijamente.)*

J. LUIS.–Entonces, ¿a qué has venido? Podrías habérmelo dicho por teléfono.

GINÉS.–[Como me esperabas, nada me costaba decírtelo en persona. Y también] quería despedirme. ¡Cualquiera sabe si volveremos a vernos! *(Mira su reloj.)* Las nueve y cuarto. Aún dispongo de unos minutos. Ahora sí que me tomaría el *whisky* que me has ofrecido.

J. LUIS.–Muy bien. *(Titubeante, se levanta y da unos pasos hacia la izquierda. Se detiene y vuelve a mirar a* PARDO, *que fuma y lo observa con ojos irónicos.* JUAN LUIS *da unos pasos más y se para al oír el teléfono, que empieza a sonar. Se acerca al velador y descuelga.)* Diga... Sí, soy yo... No, no sé nada... No, tampoco he oído las noticias... ¿Por radio? ¿No por televisión? Entonces debe de ser grave. Pero ¿qué sucede?... *(Grita.)* ¿A quién? *(Mira a* PARDO, *descompuesto.)* ¿Cómo lo han hecho? *(Larga pausa.)* ¿Me llamas desde las Cortes o desde el partido?... [A vuestra disposición.] Tú dirás si salgo para allá inmediatamente... Bien. Mañana a las diez. Si me necesitas antes, llama en seguida al teléfono del vestíbulo. Ya sabes el número... Por supuesto. Gravísimo... Acuartelarán las tropas... Si, por lo menos, no las sacan a la calle... Espero tus noticias. Adiós.

*(Cuelga, muy alterado. Mira a* PARDO.)

GINÉS.—¿Qué ha pasado?

J. LUIS.—¿No lo imaginas?

GINÉS.—¿Qué quieres que imagine?

J. LUIS.—Que han asesinado al Teniente General Ruiz Aldán a las nueve menos cuarto. La radio acaba de dar la noticia.

[GINÉS.—*(Fríamente.)* Demonios. Un pez gordo.

J. LUIS.—Tan gordo, que acaso el país no pueda tragarse su cadáver.]

GINÉS.—[Sí que] se puede armar una buena.

J. LUIS.—*(Reprime con dificultad su cólera.)* Ya está armada. Mañana, el presidente del Gobierno se dirigirá a la nación. Y se está convocando una manifestación que puede ser sonada. Lo que pase en el entierro, no quiero ni pensarlo. Y [en el de los demás, porque] no ha caído él solo.

GINÉS.—*(Fumando.)* ¿No?

J. LUIS.—*(Trémulo de rabia.)* ¡No! Han muerto tres hombres de su escolta, el conductor y una mujer, con un niño, que pasaban cerca.

GINÉS.—¿Cómo lo han hecho?

J. LUIS.—¿Qué dirías tú?

GINÉS.—¿Metralletas?

J. LUIS.—Has acertado. Y no me sorprende. *(Pensando furiosamente, da unos pasos. Entretanto* DON JORGE *—ahora él en carne y hueso, con su terno impecable— ha entrado por el primer término derecho y se acerca al teléfono de la mesita del rincón. Se ilumina su figura. Descuelga y marca.)* ¡Te veo muy tranquilo!

GINÉS.—No suelo perder la calma. En cambio tú, aunque el atentado podría traer lo que deseas para España, pareces asustado.

J. LUIS.—*(Hostil.)* Cuando te afirmé que mis ideas seguían siendo en el fondo las mismas de antes, te mentí.

GINÉS.—Ya. Pues te diré que tampoco me sorprende.

J. LUIS.—¡Ginés!

GINÉS.—*(Seco.)* Qué.

(*Suena el teléfono. Muy nervioso,* JUAN LUIS *va a tomarlo.*)

J. LUIS.—¡Diga!

D. JORGE.—Palacios, ¿sabe ya la noticia?

J. LUIS.—Me la acaban de dar, don Jorge.

D. JORGE.—Me gustaría saber qué opina el Gobierno, o el partido de usted... ¿Le han dicho ya algo?

J. LUIS.—Sólo que las consecuencias pueden ser muy graves.

D. JORGE.—Yo acabo de hablar con nuestra central en Europa y allí piensan lo mismo. No para Indelecsa, para el país. Indelecsa no será perjudicada. Incluso otra dictadura totalitaria tendría que contar con nosotros. Pero me pregunto si usted no debería ir pensando... en aquel puesto de que hablamos.

J. LUIS.—Lo estoy pensando. *(Mira a* PARDO *con ira.)* Esos canallas...

D. JORGE.—Hace bien. Aunque el Ejército está demostrando que sabe tener la cabeza fría, crímenes como éste sí pueden causar tremendas reacciones... Mientras sólo se tratase de algunos guardias, o de algún pobre muchacho apuñalado por otros chicuelos, no habría que temer. ¡Pero un general de máxima categoría que, además, no es el primero en caer! Si la izquierda persiste en su vesania, provocará el triunfo de sus peores enemigos.

J. LUIS.—¿Supone que es la izquierda la culpable?

D. JORGE.—¿Usted no?

J. LUIS.—Quienes lo han hecho saben muy bien a quiénes apuntan y lo que persiguen. *(Mira a* PARDO.) Lo cual nos obliga a sospechar que, quienes mueven los hilos de esas organizaciones más o menos supuestas de extrema izquierda..., acaso no sean de izquierdas.

D. JORGE.—¿De extrema derecha?

J. LUIS.—*(Con una mirada a* PARDO.) O provocadores movidos desde el extranjero por gentes interesadas en que el país no goce de excesiva estabilidad.

D. JORGE.—¿Cómo?

J. LUIS.—¿Lo cree un disparate?

D. JORGE.—Palacios, le noto afectado... Hay motivos, desde luego. No se estará usted refiriendo a empresas como la nuestra.

J. LUIS.—A la nuestra concretamente, no.

> (PARDO *ríe en silencio.* JUAN LUIS *lo mira, iracundo.)*

D. JORGE.—*(Con gravedad.)* Ni usted ni yo somos ya niños. Los dos sabemos que en el mundo actúan intereses poderosos y que a veces no vacilan en recurrir a métodos reprobables... Cumplamos honestamente nuestro trabajo sin especular demasiado acerca de esas oscuras fuerzas, con las que quizá estemos condenados sin saberlo a fatales conexiones, dada la intrincada estructura de la economía moderna... Pero no olvide que también se calumnia a entidades y a personas intachables. Como a usted mismo, sin ir más lejos.

J. LUIS.—*(Con sequedad.)* Si tengo noticias, se las comunicaré en seguida.

D. JORGE.—Se lo iba a pedir. [Yo haré lo mismo.] Y no se pierda en sutilezas esta vez... Esa atrocidad tiene el sello inconfundible de la extrema izquierda [y de su torpeza.]

J. LUIS.—Puede ser.

D. JORGE.—Buenas noches.

J. LUIS.—Un momento, don Jorge, Mi amigo y yo no iremos a verle el lunes. Los propietarios han decidido no vender.

D. JORGE.—Ya buscaremos otro terreno. Gracias de todos modos. Adiós.

> *(Cuelgan ambos.* DON JORGE *sale por la derecha y la luz se extingue en el rincón.)*

[GINÉS.—*(Sonriente.)* ¿Hablabas con Indelecsa?

J. LUIS.—Sí.]

GINÉS.—Siento haberte obligado a una gestión inútil, pero me alegra comprobar que al fin me creíste.

J. LUIS.—Nunca te creí.

GINÉS.—¿Ni ahora?

[J. LUIS.—Ahora, menos aún.

GINÉS.—*(Suave.)* ¿Ah, no?]

J. LUIS.—*(Se acerca a él con los puños cerrados.)* ¿Me supones tan imbécil como para tragarme tu historia? *(Baja la voz.)* Tú has sido el organizador del atentado.

GINÉS.—*(Con helada dureza.)* ¿Y qué, si fuera así?

J. LUIS.—*(Se acerca aún más.)* ¡Y te citaste conmigo a las ocho y media de hoy para disponer de una coartada!

GINÉS.—¡Débil coartada! [Razona: si me detienen] como organizador no demostraría mi inocencia por haber estado aquí a la misma hora del crimen. *(Un foco ilumina al* PADRE ANSELMO, *que ha entrado por el primer término derecho y, junto a la mesita, se dispone a llamar por teléfono.* PARDO *sonríe.)* Claro que no me van a detener... [Ni a mí ni a los ejecutores.] Detendrán a cuatro desdichados para calmar a la opinión, pero con nosotros no van a dar.

J. LUIS.—¡Luego lo reconoces!

> (EL PADRE ANSELMO *está marcando.)*

GINÉS.—*(Se levanta.)* Naturalmente. He venido a de-círtelo.

J. LUIS.—¿Para qué? *(El teléfono del velador vuelve a sonar. Violento,* JUAN LUIS *lo mira y vuelve a mirar a* PARDO.) ¡Contesta!

GINÉS.—Calma, viejo amigo. Contesta tú al teléfono.

> *(Da unos pasos, curiosea la imagen de Jesús, el tapiz...* JUAN LUIS *descuelga.)*

J. LUIS.—¡Diga!

P. ANSELMO.—Temía que no estuviese en su casa, Palacios. Soy el Padre Anselmo. Ya supondrá por qué le llamo.

J. LUIS.—*(Sombrío.)* Sí.

P. ANSELMO.—Esto, hijo mío, es terrible. ¿Han detenido a alguien?

J. LUIS.—Lo ignoro.

P. ANSELMO.—Nosotros estamos hablando ya con altos jefes del Ejército. Y conforta oírlos. ¡Qué sentido de su responsabilidad, qué decisión de no dejarse arrastrar a aventuras políticas suicidas! Ojalá reaccionen así todos. Porque los ánimos están, lógicamente, muy excitados... Pero yo quería hacerle una pregunta más personal, hijo mío. Recordará que, [en nuestra última entrevista,] le exhorté a que consultase con su conciencia. ¿Lo hizo usted?

J. LUIS.—La verdad, Padre: ni siquiera sé ya si existe esa señora.

[P. ANSELMO.—¿Cómo ha dicho?

J. LUIS.—Me ha oído perfectamente. Y le ruego que no me hable de aquello por teléfono.]

P. ANSELMO.—Me sorprende muchísimo su tono... Es nuevo en usted.

J. LUIS.—No tan nuevo. Lo inicié ya en nuestra entrevista.

P. ANSELMO.—Quiero creer que el acontecimiento le ha trastornado. Repetiré mi pregunta: ¿se decidió a dar algún aviso?

J. LUIS.—Usted no me lo recomendó.

P. ANSELMO.—¡Tampoco se lo desaconsejé! Y mucho me temo, hijo, que haya de afrontar un gran remordimiento.

J. LUIS.—Lo compartiremos.

P. ANSELMO.—¿Se está burlando de mí? ¡Yo le remití a su conciencia!

J. LUIS.—¡Por favor, no hablemos de este asunto por teléfono!

P. ANSELMO.—Venga a verme pronto. ¿Lo hará?

J. LUIS.—*(Amargo.)* ¡Qué remedio!

P. ANSELMO.—*(Distante.)* Rece mucho, hijo. Todos tenemos que rezar para que la extrema izquierda no nos lleve al caos.

J. LUIS.—No olvide que la extrema insania no es exclusiva de ese campo. No olvide a los militantes de izquierda asesinados últimamente... y años atrás.

(PARDO *se vuelve y lo mira con ironía.)*

P. ANSELMO.—No lo olvido. Pero hechos como el de hoy imponen la evidencia: terroristas de la izquierda. No lo dude.

J. LUIS.—Aunque así sea, puede haber alguien detrás.

P. ANSELMO.—¿Quién?

J. LUIS.—*(Mira de reojo a* PARDO.*)* Una persona hay que lo sabe... y que nunca me lo dirá. Adiós, Padre.

(*Cuelga bruscamente. Asombrado,* EL PADRE ANSELMO *cuelga a su vez y se va por la derecha. El rincón se oscurece.)*

GINÉS.—Pero sí te diré a qué he venido. *(Se acerca a él.)* En el caso improbable de que me descubran, tendrás que declarar mi presencia en tu casa a la [misma] hora del suceso. Y habrás de poner en juego todos tus recursos para aliviar mi suerte y salvarte tú.

J. LUIS.—¡Canalla!

GINÉS.—¡Tranquilo! No va a suceder. Pero ahora estás implicado, y callarás. *(El teléfono empieza a sonar.* PARDO *va a él, lo descuelga, escucha, oprime la horquilla y*

*deja el auricular descolgado.)* Así hablaremos mejor.
(JUAN LUIS *se aparta hacia el fondo, sombrío.)* Tuviste
mala suerte al encontrarme en nuestro antiguo café. [Si
no se te ocurre ir, yo no estaría contigo ahora.] *(Pasea.)*
[Pero] noté que me reconocíais los dos y no podía dejar
ese cabo suelto. Estaba casi seguro de que no dirías
nada, pero tenía que recordarte que no te convenía
hacerlo. [No fuera a ser que te decidieses a dar algún
aviso discreto, confiando en que yo creyera que no me
habías visto.] De modo que me di a conocer.

J. LUIS.—*(De espaldas a él, mirando hacia el fondo.)*
Vete de mi casa, asesino.

[GINÉS.—No más que tú.

J. LUIS.—*(Se vuelve.)* ¡Yo no he matado a nadie!]

GINÉS.—Tú disparaste hace muchos años contra un
muchacho [y le heriste.]

J. LUIS.—¡No murió!

GINÉS.—Porque tienes peor puntería que yo, no
mejores intenciones. Y habrías ido de todos modos a la
cárcel si no es porque tu fiel amigo Pardo [arregló
papeles y] evitó la detención.

J. LUIS.—Cállate.

GINÉS.—Y callado he estado. Pero tú también callarás. *(Llega a su lado.)* Ahora eres mi encubridor y
remamos en el mismo barco.

J. LUIS.—¡Miserable!

> *(Se abalanza al mueble de las bebidas.* PARDO
> *es más rápido y arrebata la pistola un segundo
> antes de que él llegue.)*

GINÉS.—¡Quieto! *(Le encañona.* JUAN LUIS *retrocede.*
PARDO *se guarda la pistola en el bolsillo.)* [Estás perdiendo la cabeza.] Has pensado que no te sería difícil
justificar mi muerte, pero sí te lo sería. Guardaré el
arma; no está hecha para imprudentes. Te la dejaré en
el bargueño del vestíbulo [cuando me vaya;] según está
la calle, no me conviene llevarla encima.

J. LUIS.—¡Canalla!

GINÉS.—*(Riendo.)* ¡Nada de canalla! Sirvo a quien me paga bien, simplemente. No te diré quiénes me han pagado; les soy leal, como lo fui contigo.

J. LUIS.—Matar por dinero es despreciable.

GINÉS.—¡Qué sabes tú!

J. LUIS.—¡Vete!

[GINÉS.—Ahora mismo. Si tienes que llamar a alguien para que retire la vigilancia, hazlo.]

J. LUIS.—*(Se sienta. [Habla con amargura.)* No hay vigilancia.]

GINÉS.—[Lo esperaba.] *(Se acerca.)* Como no nos volveremos a ver, te diré antes de irme por qué trabajo por ·dinero, señor moralista. Yo tuve mis ideales, que eran los tuyos. ¿Y qué he visto durante años y años? Que todos los traicionabais. Por dinero, por ambición o por subsistir. En toda esa gentuza de la izquierda no se podía creer; pero [resultaba que] tampoco [se podía creer] en los nuestros. *(Baja la voz.)* El mejor de todos, un farsante. Entonces, ¿qué importan unas pocas muertes? (JUAN LUIS *lo mira, horrorizado.)* [¿Me entiendes?] *(Se acerca y se apoya en su respaldo.)* Si los hombres son tan viles, matarlos es como matar moscas. Y de todos modos tienen que morir un día.

J. LUIS.—Tú también morirás.

GINÉS.—Moriré o me matarán. Tú morirás o te matarán. ¿Y qué? Serán hechos tan insignificantes como las muertes de esta noche. En este planeta se mata todas las noches... Si la vida no tiene sentido y los hombres carecen de dignidad, lo que nos queda es la ley natural. La vida es muerte, entre los animales y entre nosotros. Vivamos matando y esa será la verdadera vida, hasta que nos la quiten. ¿Por dinero te he dicho? Claro. También por dinero. Pero, en realidad, por disfrutar de la vida verdadera, que es la de los fuertes y los implacables. *(Ríe.)* O, como se decía en aquella guerra que no hicimos, «por darle gusto al dedo».

J. LUIS.—Fascista.

GINÉS.—*(Se incorpora, irónico.)* No me hagas reír. Crees haber cambiado por escupirme una palabra que antes venerabas y con ella te insultas a ti mismo.

J. LUIS.—Fue nuestra ceguera. Ahora sé [lo que tú ya no podrás comprender:] que la vida humana es sagrada. Te compadezco.

GINÉS.—*(Ríe.)* ¡Si tú ya has matado!

J. LUIS.—¡Yo no! Y eso es lo que nos separa.

*(Se levanta y se enfrenta con él.)*

GINÉS.—¡Tú sí¡ Y eso es lo que nos une. No me refiero a ciertas muertes del pasado que también te atañen. ¡Tú has matado conmigo al General y a los otros! *(Las manos de* JUAN LUIS *se crispan, amenazadoras.* PARDO *retrocede un paso.)* [No hagas escenas.] Tú has matado conmigo porque no avisaste y porque no hablarás. Y eso es lo único que me importa.

*(Cruza hacia la izquierda ante la sofrenada furia de* JUAN LUIS. *La puerta de la derecha se abre y entra* JULIA.)*

JULIA.—¡Perdón! [Creí que estabas solo.]

*(Los dos se vuelven hacia ella.)*

GINÉS.—Buenas noches, señora. Yo me despedía ya [y, con su permiso, me retiro.] Que ustedes sigan bien.

*(Va a irse.)*

JULIA.—Por favor, no se vaya. (PARDO *la mira, sorprendido.)* Y siéntese.

J. LUIS.—Déjale irse, Julia. Es lo mejor.

JULIA.—[¿Tú dices eso?] Señor Pardo, le ruego que tome asiento.

J. LUIS.—¡Esta noche no, Julia!

JULIA.—Es una antigua deuda que no me vas a impedir cobrar.

J. LUIS.—Estamos viviendo horas muy graves. Se acaba de cometer un crimen espantoso...

JULIA.—Lo sé. Lo ha dicho la radio y venía a decírtelo.

J. LUIS.—Yo [espero llamadas y] tendré que salir probablemente. Pardo también tiene prisa.

JULIA.—Reconozco mi egoísmo en estos momentos, pero no voy a perder la ocasión de hablar con este señor después de tantos años. *(A* PARDO.) ¿No se sienta?

GINÉS.—Como guste.

> *(Se sienta en el sofá. Ella lo hace en la butaca contigua. Con un suspiro de contrariedad,* JUAN LUIS *se acerca y permanece de pie junto a su mujer.)*

JULIA.—¿Tú le has dicho algo?

J. LUIS.—Pensaba hacerlo... cuando me han llamado por teléfono.

JULIA.—Pues yo se lo diré. *(A* PARDO.) ¿Se acuerda de que fue en esta sala?

GINÉS.—Señora, por favor...

[JULIA.—Le hablo de la tarde en que vino usted a detenerme, hace veintiún años.

GINÉS.—]Una historia muy antigua que se resolvió con toda felicidad. Por mí, estaba olvidada.

JULIA.—Qué suerte. Yo no he podido olvidarla.

GINÉS.—Sólo cumplía con mi deber, compréndalo.

[J. LUIS.—Julia, comentar con Pardo cosas tan íntimas...

JULIA.—¿No le ibas tú a hablar de ellas?

J. LUIS.—Yo sí; pero tú...]

JULIA.—[Con mayor motivo. *(A* PARDO.)] Le haré una sola pregunta: ¿entraba también en sus deberes el deber de mentirme?

*(Disgustado por el sesgo de la conversación,
JUAN LUIS va a sentarse a la otra butaca.)*

GINÉS.—Ni recuerdo, ni comprendo. ¿A qué se refiere?

JULIA.—A su afirmación de que aquel detenido,
Fermín Soria, me había delatado. *(Embarazado,* JUAN
LUIS *desvía la vista.* PARDO *considera a los dos.)* ¿No me
contesta?

[GINÉS.—*(Afable.)* ¿Por qué le iba yo a haber mentido?

JULIA.—¡Usted y el comisario! Los dos quisieron
engañarme para ver si yo confesaba alguna participación en actividades clandestinas.]

GINÉS.—No hubo engaño, señora. Y todo se aclaró...

JULIA.—*(Vibrante.)* ¡Sí, y también su mentira! Pero
mucho más tarde. Ahora sé que Fermín no denunció a
otras personas implicadas. ¿Cómo iba a denunciarme a
mí, que no lo estaba? Pero usted no vaciló en presen-
tarlo ante nosotros como un embustero muerto de
miedo y hundido en la indignidad... No me crea tonta.
Sé que no es usted peor que otros y que este es un
mundo hipócrita y mendaz. Pero usted me hirió... hondamente... al difamar sin el menor escrúpulo a un
muchacho que le superaba mil veces. *(Breve pausa.)* Y
en su nombre y en el mío yo le digo hoy, en esta casa
que no volverá a pisar, que es usted un repugnante granuja sin conciencia.

*(Se levanta.)*

J. LUIS.—¡Julia, modérate!

JULIA.—¡Y ahora, fuera de aquí!

*(Se aparta hacia el fondo.)*

GINÉS.—¿Por qué se ha de moderar? Es muy razo-
nable su enfado y [yo estoy acostumbrado a las
ofensas.] *(Se levanta pausadamente.)* [Tiene razón. La
herí demasiado, y] debía de querer tanto a aquel mocito

díscolo, que aún le duele. ¡Qué fracaso para ti, Palacios!

J. LUIS.—*(Se levanta.)* ¡Ginés!

JULIA.—¡Échalo!

GINÉS.—No hace falta, ya me voy. *(Risueño.)* Al mundo hipócrita y mendaz, señora, que es también el de su marido... y el de usted.

J. LUIS.—¡No te tolero...!

GINÉS.—*(Duro.)* [¡Sin alterarse!] No le estoy diciendo a tu mujer nada que ella no sepa. Tantos años de convivencia contigo le habrán permitido conocer de sobra una parte, al menos, de tus granujadas, de las que ella, tan pura, se beneficia.

JULIA.—¡A puntapiés, Juan Luis!

GINÉS.—No se atreverá.

J. LUIS.—Vete ya, Ginés. Por favor.

JULIA.—*(Indignada.)* ¿Por favor?

> *(Se oyen golpecitos en la puerta de la izquierda.)*

J. LUIS.—¡Adelante!

> *(Se abre la puerta y entra* PEPITA *con un sobre en una bandejita plateada.)*

PEPITA.—Perdonen los señores. Esta carta para la señora es urgente.

JULIA.—*(Extrañada.)* ¿Para mí?

PEPITA.—*(Avanza y se la entrega.)* De la señorita Cristina. [Ella no podía venir y la ha mandado con un muchacho.]

JULIA.—*(Coge el sobre.)* Gracias. Puedes retirarte.

GINÉS.—*(Que ha mirado su reloj.)* Y yo con ella, porque ya no debería estar aquí. Mis disculpas, señora, por haber cumplido con mi deber hace veintiún años. Y a ti, Palacios..., el adiós de un amigo leal.

> *(Sale por la izquierda.)*

[PEPITA.—*(Va tras él y se detiene.)* ¿Desean tomar algo los señores?

(JUAN LUIS *deniega.*)

JULIA.—No. Lléveme después unas pastas con el vaso de leche.]
PEPITA.—[Sí, señora. Con permiso.]

*(Sale y cierra la puerta, Una pausa. JUAN LUIS está observando a su mujer. Ella emite un prolongado suspiro y empieza a abrir el sobre.)*

J. LUIS.—*(Con afecto.)* Supongo que te sientes mejor.
JULIA.—Sí... Ha sido una amarga satisfacción. Pero ya... ¿para qué?

*(Va a la mesa y toma un cigarrillo, que enciende, dejando la carta sobre ella. Luego se sienta en el sofá y se recuesta, fumando.)*

J. LUIS.—Para vivir, Julia. Olvidemos definitivamente a ese reptil.
JULIA.—¿A qué ha venido?
J. LUIS.—A decirme que el negocio se había deshecho.
JULIA.—Deberías haberle dedicado palabras más duras todavía que las mías.
J. LUIS.—Pensé que lo mejor era que se fuera cuanto antes. Es muy serio lo que está pasando para perder el tiempo con bichos como él.
JULIA.—Tienes razón. ¿Qué va a suceder, Juan Luis?
J. LUIS.—Nadie lo sabe.
JULIA.—¿Otra dictadura militar?
J. LUIS.—O un cambio de Gobierno. Han quedado en volverme a llamar, pero lo voy a hacer yo.

*(Va al teléfono, toma el auricular y oprime la horquilla.)*

JULIA.—¿Por qué ha dicho ese hombre al despedirse que era tu amigo leal?

J. LUIS.—Pura palabrería. ¡Y no vuelvas a pensar en él, por favor! [Asunto concluido.] *(Va a marcar.)* ¿No abres la carta de Cristina? Era urgente.

JULIA.—No hay prisa. Me dirá que no puede venir, por lo ocurrido... Y estoy hastiada de tantas zozobras.

> *(Fuma, con la mirada perdida.* JUAN LUIS *le da la espalda para telefonear. Marca un número y escucha. Baja la horquilla. Mira a su mujer, que no ha cambiado de posición.)*

J. LUIS.—La Presidencia comunica... Probaré con mi partido. *(Se vuelve, marca y aguarda.)* Señorita, soy Juan Luis Palacios. Póngame con la Secretaría [de Organización...] *(Entretanto,* JULIA *se inclina para apagar su cigarrillo, mira el sobre y, con un desganado suspiro, lo coge, sacando la carta con aire aburrido.)* [No, no espero.] Póngame entonces con el delegado de Prensa... ¡Pues con la sala de Juntas!... [Sí, es natural...] No, [muchas] gracias. Tengo prisa. *(Cuelga y se sienta con un movimiento de impaciencia, hablando a* JULIA *sin mirarla apenas.)* ¡Digo yo que con alguien se podrá hablar esta noche! Voy a intentarlo con las Cortes... *(Marca y escucha.)* ¡Vaya! Menos mal. *(Mientras aguarda,* JULIA *lee a la ligera la carta, pero no tarda en incorporarse para releerla con vivísimo interés. Cuando termina, mira a su marido con ojos dilatados por el asombro. Vuelve a leer; no puede creerlo. Su respiración se ha vuelto agitada. Con los ojos fijos en la nuca de* JUAN LUIS, *dobla la hoja.)* Éste no lo coge nadie. [Los pasillos deben de ser una jaula de locos.] *(*JULIA *mete el papel en el sobre y deja éste en la mesa, recostándose de nuevo.* JUAN LUIS *escucha todavía unos segundos y cuelga, contrariado. Ella deja de mirarlo y logra, con gran esfuerzo, un gesto impasible.)* Más vale dejarlo. *(Se vuelve hacia su mujer.)* Si hay novedades han quedado en llamar al del vestíbulo.

JULIA.—*(Sin mirarlo.)* Entonces descuelga ése.

J. LUIS.—¿Cómo estaba? Sí, será lo más cómodo. *(Descuelga y se levanta.)* ¿No tienes apetito?

JULIA.—Ninguno.

J. LUIS.—Con todo esto, yo tampoco. Un trago sí me vendrá bien. ¿Me acompañas?

JULIA.—No. (JUAN LUIS *va al mueble e inicia el trivial rito del* whisky.) Leí hace poco una revista donde contaban cosas de tu vida. Unas, las conocía bien; otras, no tanto.

J. LUIS.—Supongo que te la habrá traído Cristina.

JULIA.—¿La has leído tú?

J. LUIS.—Naturalmente.

JULIA.—No me hablaste de ella.

J. LUIS.—¿Iba a hablarte de esa basura? Además, hace tiempo que no te interesas por mis problemas.

JULIA.—¿Era cierto lo que contaban?

J. LUIS.—Depende de cómo se mire. Si le quitas la mala intención... *(Con su vaso se sienta, tenso, en la butaca frontal del tresillo.)* Que fui camorrista de estudiante. ¿Y quién, de joven, no lo ha sido? Que fui un totalitario redomado y ahora un liberal de toda la vida. Más vale esa evolución que la contraria. Que he andado en negocios sucios. Pues no me han procesado nunca por ellos, como a otros. [Que me aproveché de mis cargos para robar muchos millones... Si le llaman robar a ganarlos legalmente, habrá que enmendar el diccionario.] Fue un tiempo de favores y de impunidad, ya lo sé. Pero entonces no eran ilegales, y yo habría sido muy tonto de no aprovecharlos, como lo hizo todo el que pudo. [Que mi ambición no tiene límites... ¿Es preferible ser un apocado?] A esos plumíferos les rebosa la mala baba porque ellos no pudieron hacer lo mismo.

JULIA.—No te has querellado.

J. LUIS.—Esas infamias hay que dejarlas pasar, Julia. [Se publican tantas cada día, que] ellas solas se desacreditan. *(Bebe.)*

JULIA.—¿Hablamos de amor?

J. LUIS.—*(Estupefacto.)* ¿Qué?

JULIA.—El amor, dicen, es sinceridad. ¿Nunca me has ocultado nada en estos años?

J. LUIS.—*(Ríe.)* ¡Muchas cosas! Quebraderos de cabeza, contrariedades...

JULIA.—Preferías dejarme con mi póquer y mis cigarrillos.

J. LUIS.—Prefería ahorrarte disgustos. Como el de esa puerca revista, que una verdadera amiga nunca habría puesto en tus manos. *(La observa, intrigado.)* Pero te noto rara... Te tiemblan los labios... Deberías irte a descansar.

JULIA.—Ya descansaré. Antes quiero inquirir algo de tu sincero amor.

J. LUIS.—Y tus palabras, Julia. Tan rebuscadas de pronto... ¿Te sientes mal?

*(Breve pausa.)*

JULIA.—¿Cuándo conociste a Ginés Pardo?

J. LUIS.—*(Desconcertado.)* Lo sabes perfectamente. Fue aquí mismo.

JULIA.—¿Esa es tu respuesta sincera?

J. LUIS.—Claro.

[JULIA.—Aún quisiera creerte... Sería tan sucio que me hubieras engañado...

J. LUIS.—*(Con la vista fija en su vaso.)* ¿Yo a ti? Deliras.]

JULIA.—¡Mírame a los ojos! *(Él levanta la vista.)* Y dime si es verdad o si es mentira que ese granuja fue compañero tuyo en la Facultad de Derecho.

J. LUIS.—¿Qué estás... diciendo?

JULIA.—Algo inconcebible. Es verdad.

*(Un silencio. JUAN LUIS deja su vaso con un golpe sobre la mesa y se levanta.)*

J. LUIS.—¡Ah, ya comprendo! La carta. *(Pasea.)* ¡Esa enredadora [acabará por destrozarnos a los dos! Ella no

sabe nada, ni puede saberlo.] Te habrá trasladado algún
rumor sin fundamento. ¡Pues ya basta! ¡Aunque sea
contra tu voluntad, yo debo velar por ti! ¡A partir de
ahora te tratará nuestro médico!

JULIA.—*(Toma el sobre y se lo tiende.)* Lee.

J. LUIS.—¡De ningún modo! ¡Me niego a entrar en el
juego irresponsable de esa mujer!

JULIA.—*(Saca la carta del sobre.)* Pues escucha.

J. LUIS.—¡No quiero oír nada!

JULIA.—*(Se levanta.)* ¡La vas a oír, o ahora mismo termina para siempre toda palabra entre nosotros!

> (JUAN LUIS *la mira, consternado, y se cruza
> de brazos con un suspiro.)*

J. LUIS.—Como quieras. Lee.

JULIA.—*(Lee.)* «Querida Julia: todos andamos de
cabeza esta noche, pero no me olvido de ti [y te pongo
estas líneas apresuradas.] He localizado hoy en mi partido a un compañero de tu marido en la Facultad:
Enrique Gil. Y recuerda muy bien, en el cuarto curso
de la carrera, a un tal Ginés Pardo, sujeto bastante significado en los choques con estudiantes antifranquistas.
[El nombre no es corriente y] parece poco probable que
aquel Ginés y el que tú has conocido no sean la misma
persona. Por consiguiente, Juan Luis lo conocía ya
cuando fue a detenerte. Lo que de ello se deduce, prefiero no comentarlo ahora. Ya hablaremos. Te abraza,
Tina.»

> *(Durante la lectura,* DON JORGE, *de nuevo con
> sus ropas modestas, aparece en silencio por el
> primer término izquierdo, penetra en el salón
> y, mirando a la pareja, se sienta en la butaca
> de la izquierda. Sin ponerle la vista encima,*
> JUAN LUIS *acusa levemente su imaginaria pre-
> sencia, con la que la luz de la estancia
> adquiere al tiempo un sutil aspecto de irrea-
> lidad. Con los ojos fijos en su marido,* JULIA

*dobla la carta, la reintroduce en el sobre y
vuelve a dejar éste en la mesa.)*

J. LUIS.—*(Con voz insegura.)* Un viejo recuerdo defor-
mado... que nada prueba...

JULIA.—¿Todavía niegas? Dentro de unos minutos me
lo habrás confesado. Y será ya tarde.

J. LUIS.—¿El qué?

JULIA.—Que, cuando vino Pardo a representar la
comedia de mi arresto, estabais confabulados. (JUAN
LUIS *no se atreve a mirarla de frente. Se acerca al veladorcito y se sienta en una silla.* JULIA *da unos pasos hacia él.)*
Ya sólo me queda por saber... si fuiste tú quien denunció a Fermín para que lo detuvieran.

J. LUIS.—¡Eso no!¡Te juro por Dios vivo que no!

*(Una pausa.* JULIA *se retira bruscamente y va
de aquí a allá con las manos juntas, sopor-
tando una consternación infinita.)*

JULIA.—Me siento... manchada. Avergonzada.

J. LUIS.—*(Débil.)* Julia, escúchame.

*(*DON JORGE *esconde su rostro en las manos.)*

JULIA.—Ni siquiera un crimen pasional. Eso, por lo
menos, sería humano. Tú te limitaste a inventar una historia de tebeo con tu amigote. De pronto, se descubre
que mi tragedia de veintiún años ha sido un folletín.
*(Casi grita.)* ¡Porque a ti y a esa rata sólo se os podía
ocurrir un folletín! Si se contase, daría risa... [Y también yo daría risa, por haber podido creerme esa burda
patraña. Aunque tengo disculpa... Ninguna mente sana
sospecharía que os habíais atrevido a urdir] una treta
[tan] vil y [tan] tosca, para convertir ante mis ojos a un
muchacho limpio en un cobarde. A eso se llama no
reparar en medios.

J. LUIS.—*(Con la voz velada.)* No reparé en medios porque te quería.

JULIA.—¿Quererme? Querer es no mentir, no fingir que se va a hablar con un comisario para reírte después con tu compinche, en algún bar, por lo bien que ha salido la engañifa... Querer es respetar la dignidad, la nobleza de la vida, en vez de ensuciarla. ¡Tú sólo te has querido a ti mismo, como el hijo malcriado que eras de un poderoso! Y si había que difamar a un pobre chico de los que osaban otra vez no pensar como estaba ordenado, ¡qué más daba! Según vuestra jerga [de entonces] era un rojo, [o sea un bicho] que no merecía vivir. Y además, Dios te lo premiaría, porque siempre lo creíais de vuestra parte. *(Está cerca de él.)* Hicieseis lo que hicieseis, vosotros, o vuestros padres, érais los ángeles; los vencidos, o sus hijos, los demonios. El dolor de un pueblo sacrificado; la agonía de las familias divididas, la sangre de los muertos y asesinados en los dos bandos, la inmensa pena de la España desgarrada..., ridículamente degradada a la condición de una retórica y topiquera película oficial de buenos y malos. Y por eso tampoco vacilaste tú en hacer uso de un despreciable truco de vuestra mala película..., del folletín en que habíais convertido la tragedia española..., para hacer de mi pobre tragedia de señorita burguesa otro folletín. *(Se mira palma y dorso de las manos.)* Que me mancha... Que me anula.

> *(Durante sus palabras* DON JORGE *descubre las facciones, se levanta despacio y llega junto a ellos. Su imaginada proximidad aumenta el abatimiento de* JUAN LUIS.*)*

J. LUIS.—*(Sin mirar a su esposa.)* Yo te adoraba. En la atmósfera de triunfalismo y de privilegios en que crecí, reconozco que me acostumbraron mal... Lo comprendí hace años y por eso he cambiado.

JULIA.—*(Con enorme tristeza.)* Si hubieses cambiado me habrías confesado lo que hiciste.

J. LUIS.—¡Te habría perdido!

JULIA.—Me perdiste al cometer esa bajeza. Destro-
zaste entonces tu vida, la de Fermín y la mía. Y ya, sin
remedio, aunque Cristina crea que lo tiene. *(Le tiembla
la voz.)* Porque yo también lo maté. *(Él la mira, angustiado.)* Sí. Con la seguridad de mi cariño..., quién sabe si
no habría tenido más energía para resistir... Los dos lo
matamos.

                    *(Se aleja, vacilante.)*

J. LUIS.—No, Julia. No te atormentes... *(Ella solloza,
con las manos sobre su rostro contraído. JUAN LUIS se
levanta y va a su lado. DON JORGE se desliza hasta
situarse junto a JULIA.)* Te lo ruego, no llores. *(Le toma
un brazo.)* Y escúchame.

JULIA.—¡No me toques!

> *(Se suelta y va hacia el tresillo enjugándose las
> lágrimas. En la obsesión de JUAN LUIS es
> DON JORGE quien, con un leve toque a la
> mujer, la ha incitado a huir. Y el espectro no
> tarda en situarse, silencioso, tras la butaca a
> cuyo lado llega ella.)*

J. LUIS.—Mírame. Soy un hombre sin paz, porque
tengo conciencia. Lo que te hice es mi vergüenza permanente. Pero..., reconócelo..., cuando detuvieron a
Fermín, tu cariño por él era superficial... Casi un
capricho. Y yo lo noté. No eras de su mundo, sino del
mío...

> *(Con inmensa pesadumbre, ella se ha sentado
> en la butaca. Él da unos pasos hacia su mujer.)*

JULIA.—Como una propiedad. Eso quieres decir.

J. LUIS.—¿Qué?

JULIA.—¡Tu mundo no debía perderme, yo era de su
propiedad!

J. LUIS.—No lo digas así.

JULIA.—Y me dejé comprar.

J. LUIS.—*(Se acerca más.)* ¡No, Julia! Nuestro matrimonio ha sido, a pesar de todo, un sacramento. Peor para los dos si no hemos sabido santificarnos con él...

JULIA.—¿Matrimonio? Tú compraste a tu querida, y muy bien pagada. Pero, ya ves. No he sabido fingir cariño al extraño con quien me he acostado. No era una buena puta.

J. LUIS.—¡Julia, es indigno ese lenguaje!

JULIA.—*(Se levanta con saña.* DON JORGE *permanece inmóvil.)* ¡Sé lo que digo! Dos muchachos muy decentes y muy de orden se casaron. Pero él era un farsante y ella una prostituta. Al fin, los dos del mismo mundo... Sí... Del mundo de Ginés Pardo.

J. LUIS.—*(Inclina la cabeza y musita.)* Dios mío, ilumínala.

JULIA.—Ya me ha iluminado. Me asustaba compartir la vida azarosa de Fermín, y ahora sé que os creí porque quise creeros. Después, nuestra vida cómoda se nos ha escapado a ti y a mí de las manos como si fuese arena. Años de opulencia, de diversiones, de ruleta o bingo... El vacío. Del que ya no tengo fuerzas para salir... Ya no es posible cambiar.

J. LUIS.—Yo he cambiado.

JULIA.—No te engañes. Sin la carta de Cristina, nunca me habrías dicho nada. Eres el de siempre, y también estás perdido. A saber si en tu corazón..., y siempre que tu tingladillo resista..., no te alegra el atentado de esta noche como un supuesto descrédito más de la democracia que dices defender.

J. LUIS.—*(Ensombrecido.)* ¿Eso piensas de mí?

JULIA.—Lo veo todo tan claro... (DON JORGE *va, lento, hacia la puerta de la derecha y se detiene en su umbral, mirándolos.)* Es insoportable. ¡Dichosa Cristina, dichoso Fermín, hasta que murió! Con navajazos, cárceles y palizas, han tenido una existencia bella y noble. A mí me faltó el valor de incorporarme a esa hermosura.

Y no valgo más que tú. Lo único digno de mi vida es ya... mi tristeza.

(*Con el semblante nublado, se abstrae.*)

J. LUIS.—(*Se acerca y susurra con esfuerzo.*) Si lo deseas, nos separaremos. Por ti, por tu felicidad. ¿Quieres?

JULIA.—(*Reacciona con dificultad y lo mira.*) ¿Y quién resucitará a Fermín?

(DON JORGE *levanta su mano y llama a la mujer. Ella se vuelve despacio y va a su encuentro.*)

J. LUIS.—Julia, perdóname.

JULIA.—(*Con una melancólica mirada al vacío.*) Quisiera creer que él me perdonó a mí. Que acaso me recordó antes de morir, como a una pobre niña débil y tonta, con la que hay que ser indulgente...

(DON JORGE *la toma suavemente del brazo y la conduce fuera del aposento.* JUAN LUIS *se queda mirando a la puerta. De pronto corre a la mesa, toma el sobre, saca la carta, la lee por encima y la rompe iracundo, guardándose los pedazos en un bolsillo. Abatido, sus ojos se detienen en el Cristo. Se acerca a la talla y la mira. Muy remoto, casi inaudible, se insinúa el* Adagio *del* Trío Serenata. *Como si quisiera sacudirse el recuerdo, la cabeza de* JUAN LUIS *deniega vagamente. Golpecitos en la puerta de la izquierda. Absorto en la imagen santa,* JUAN LUIS *no se mueve. Los golpecitos se repiten.* JUAN LUIS *vuelve la cabeza. La música cesa al mismo tiempo y la luz recobra su normalidad.*)

J. LUIS.—¡Adelante!

> *(Dejando la puerta abierta, PEPITA entra con una bandeja donde lleva un vaso de leche y un plato de pastas.)*

PEPITA.—¿Puedo pasar por aquí al dormitorio de la señora?

J. LUIS.—Pasa.

PEPITA.—Gracias. *(Cruza. Al llegar a su lado, se detiene y baja la voz.)* Esta noche te espero.

J. LUIS.—[Pepita] esta noche han asesinado a un jefe del Ejército y yo espero llamadas.

PEPITA.—Es verdad. Pobre señor. *(Repara en el veladorcito.)* ¿Le cuelgo el teléfono?

J. LUIS.—Bueno.

> *(Sin soltar la bandeja, PEPITA va al teléfono y cuelga el auricular. Luego sigue su camino hacia la derecha. Suena el teléfono.)*

PEPITA.—Si antes lo digo...

J. LUIS.—*(Va al teléfono.)* Atiende a la señora.

PEPITA.—[Sí, señor.]

> *(Se va por la derecha mientras JUAN LUIS descuelga.)*

J. LUIS.—Diga... [Hola.] ¿Novedades?... Lo comprendo... Cualquiera sabe lo que pasará mañana... ¿Crees que hay verdadero peligro?... Sí, pero quizá los intereses que nos apoyan impidan... ¡Pues habrá que aplastar al terrorismo sin contemplaciones!... *(Amargo.)* Muchos encubridores, sí. *(Baja la cabeza.)* Quizá pesarosos, pero forzados al silencio.

> *(Con el semblante desencajado, PEPITA entra presurosa.)*

PEPITA.—¡Señor!

J. LUIS.—¿Un diálogo entre civiles y militares? ¿Será factible?

PEPITA.—¡Señor, por favor!

J. LUIS.—¡Por Dios, Pepita! ¡No me molestes ahora!

PEPITA.—¡La señora no [se mueve y parece que no] respira!

J. LUIS.—*(Grita.)* ¿Qué?

PEPITA.—Y en la mesita, el tubo de las pastillas está vacío.

J. LUIS.—*(Al teléfono.)* ¡Ya te llamaré! *(Cuelga de golpe y corre a la derecha, por donde sale. PEPITA va tras él y se detiene, asustada, bajo el dintel. Como un alarido lejano, se oye dentro la llamada de JUAN LUIS.)* ¡Julia!... ¡Julia, despierta!...

> *(La doncella sale también, al tiempo que la oscuridad invade la escena. Antes de la total negrura, dos focos laterales alumbran el primer término. Transcurren unos segundos. Con abrigo, corbata y guantes negros, JUAN LUIS entra por la derecha, llega al centro, gira hacia el frente y desenguanta su mano diestra. Con su traje sencillo, DON JORGE entra por la izquierda y avanza unos pasos.)*

D. JORGE.—[Dentro de la tristeza,] era un consuelo esta mañana ver tanta concurrencia. Usted cuenta mucho en el país. Don Jorge le dijo... *(Se acerca y estrecha la mano de JUAN LUIS.)* Comparto su dolor, [Palacios.] ¿Era mañana la fiesta de aniversario?

J. LUIS.—Sí.

D. JORGE.—Es espantoso... Venga lo antes que pueda por Indelecsa. Hoy se firma su nombramiento de consejero.

J. LUIS.—Muy agradecido.

> *(DON JORGE retrocede y, subiendo el peldaño, se recuesta en el quicio izquierdo del salón.*

> *Una debilísima y lenta claridad suaviza las sombras del aposento: apenas se distingue que el tapiz se ha alzado, ni que los dos músicos se hallan en sus puestos. Vagas figuras inmóviles habitan la penumbra.* CRISTINA *aparece por la derecha del primer término, se acerca a* JUAN LUIS *y le tiende la mano.)*

CRISTINA.—Lo siento en el alma.

J. LUIS.—*(Hosco, desviando la vista mientras le da blandamente la mano.)* Tú la has matado.

CRISTINA.—*(Deniega con serena tristeza.)* No. La has matado tú...

> *(Sube el peldaño y la sombra la envuelve.)*

D. JORGE.—Puede entrar en su fiesta.

J. LUIS.—*(Lo mira.)* ¿Mi fiesta?

D. JORGE.—Usted ha tomado su sedante, pero con precaución, porque la patria le va a necesitar. A la doncella la despidió esta tarde y ella se ha ido escupiéndole su desprecio. Ahora está solo. La fiesta le aguarda.

> *(Detrás de* JUAN LUIS *el salón se ilumina bruscamente con las raras luces de la fantasía. El primer término se oscurece. Con sus instrumentos dispuestos, los dos músicos esperan en sus asientos. La viola resplandece en la tercera silla. Quietos en la estancia, los demás personajes componen una escena de museo de cera. Ante la mesa del tresillo, con sus vasos en las manos,* CRISTINA *y* EL PADRE ANSELMO *han petrificado los ademanes de una viva plática. En el centro,* EL GENERAL *mantiene su vaso muy cerca de la boca. Con la bandeja de bebidas y su uniforme de doncella,* PEPITA *se ha paralizado en su marcha hacia el primer término. La sombra chinesca de* JUAN LUIS *se vuelve, sube el peldaño y entra en la luz del*

*salón. Mirando a todos,* JUAN LUIS *se desen-
guanta la otra mano, mete sus guantes en un
bolsillo, se despoja del abrigo y lo deja en una
de las sillas del veladorcito.* PEPITA *reanuda
entretanto su marcha, se acerca a él y le brinda
las bebidas.)*

J. LUIS.—*(Rechaza la bandeja.)* Estás despedida.
PEPITA.—*(Con sorna.)* No lo crea. Volveré otras noches.

*(Se retira la doncella hacia la puerta de la iz-
quierda y tararea, a boca cerrada, las primeras
notas de la* Marcha del Trío. JUAN LUIS *la
mira con aprensión. Sin volver a reparar en él,
la doncella sale en silencio por la puerta con su
bandeja.* EL GENERAL *empieza a beber;* EL
PADRE ANSELMO *y* CRISTINA *se animan y
discuten.* JUAN LUIS *se vuelve hacia ellos.)*

P. ANSELMO.—El matrimonio es indisoluble.
CRISTINA.—Ustedes lo anulan o separan a las parejas.
P. ANSELMO.—¡Por causas muy justificadas!
CRISTINA.—Y muy caras, me han dicho.
P. ANSELMO.—Prefiere ofender a entender...
CRISTINA.—Sólo cito hechos.
P. ANSELMO.—Que no son incompatibles, aunque
usted lo dude, con el hecho enorme de que el vínculo es
sagrado.
CRISTINA.—¿Aun cuando pueda causar una muerte?
P. ANSELMO.—*(Baja la voz.)* ¿Se refiere a un... sui-
cidio? No ha habido suicidio, sino descuido.
GENERAL.—*(Sonriente.)* Se refiere a mí.

*(JUAN LUIS lo mira. El militar bebe plácida-
mente otro trago.)*

P. ANSELMO.—¿Por qué no me visita una tarde? Yo
podría aclararle muchas dudas..., con tiempo.

CRISTINA.—Quizá nos quede a todos poco tiempo. *(Mira su reloj.)* Discúlpeme. Debo irme.

P. ANSELMO.—Y yo. Es muy tarde.

    *(Dejan ambos sus vasos sobre la mesa.)*

J. LUIS.—*(Se acerca a ellos.)* No se vayan... La velada va a empezar...

P. ANSELMO.—Adiós, hijo mío.

    *(Cruza hacia la izquierda.)*

J. LUIS.—*(A los tres.)* Julia viene en seguida...

P. ANSELMO.—*(Se vuelve.)* No, Juan Luis. Ella no puede venir. Enhorabuena por el feliz aniversario.

    *(Tarareando a boca cerrada las primeras notas de la* Marcha, *reanuda sus pasos.)*

GENERAL.—*(Con tono hostil.)* Adiós, Padre.

    *(El sacerdote se detiene un segundo, sin mirarlo. Después sale en silencio por la izquierda.* CRISTINA *da unos pasos.)*

J. LUIS.—Quédate, Cristina. ¿No quieres oír el Trío?

CRISTINA.—Ya lo han tocado.

    *(Cruza.)*

J. LUIS.—¿Te vas sin ver a Julia?

    *(Ella se detiene y lo mira.)*

CRISTINA.—Ya no vendrá.

    *(Silbando una sola vez la misma frase musical, se va por la izquierda.)*

J. LUIS.—Gracias por quedarse, mi General.

GENERAL.—Todos los presentes están muertos... Yo también lo estoy y podría quedarme. Pero le ahorraré la violencia de seguir viéndome. *(Con rencor.)* Hasta pronto, espero.

> *(Va hacia la izquierda tarareando las notas de la* Marcha, *deja su vaso sobre el mueble bar y sale.* JUAN LUIS *mira a los músicos. Éstos le observan fríamente.)*

J. LUIS.—Yo no estoy muerto.

D. JORGE.—No. Sólo está de visita.

J. LUIS.—*(Se vuelve hacia él.)* ¿En mi casa?

D. JORGE.—*(Mientras avanza despacio hacia el mirador.)* En la nuestra.

> *(Se dispone a subir las gradas.* JUAN LUIS *medita.)*

J. LUIS.—No sé cómo venís a mis noches, pero, si sois mis jueces, absolvedme. *(Con un pie en el primer escalón,* DON JORGE *se detiene y lo mira.* JUAN LUIS *se acerca al mirador y extiende sus brazos suplicantes.)* ¡Sólo hombres como yo podían sacar al país de su parálisis evitando otro gran dolor! (DON JORGE *termina de subir, toma la viola y el arco y, sin sentarse, acaricia amorosamente el instrumento.* JUAN LUIS *espera una respuesta que no llega.)* ¿Es que no puede un hombre rectificar sinceramente? *(Breve pausa.)* ¡Contestadme!

D. JORGE.—Sí.

J. LUIS.—Muchos lo han hecho, y sin su esfuerzo volverían a tronar los cañones. ¿Lo negáis?

CHELO.—No.

J. LUIS.—Entonces no tenéis derecho a castigarme.

VIOLIN.—Nadie te va a castigar. Pero no creo que tú puedas ayudar a nuestra patria.

J. LUIS.—¡Como muchos otros, lo haré mal que os pese!

CHELO.—Muchos o pocos, bienvenidos sean a la tarea. Usted no puede.

VIOLIN.—Otros, acaso. Tú, no.

J. LUIS.—¿Por qué?

VIOLIN.—Tu pasado te lo impide.

J. LUIS.—¡Lo he dejado atrás!

D. JORGE.—*(Suave.)* ¿Avisó a la policía?

J. LUIS.—*(Turbado, da la espalda al mirador.)* No.

D. JORGE.—Ya ve que no puede.

J. LUIS.—*(Sombrío, avanza hacia el frente.)* No sois jueces. Sois rojos hambrientos de venganza. *(Los dos músicos ríen plácidamente.* DON JORGE *sonríe.)* ¡Y vuestras risas lo confirman!

D. JORGE.—Es usted quien ríe por sus bocas.

CHELO.—*(Riendo todavía.)* ¡De sí mismo!

VIOLIN.—Y eres tú quien sigue enarbolando como un garrote el fantasma de las dos Españas.

J. LUIS.—*(Cierra los ojos.)* Dejadme descansar.

VIOLIN.—Acaso nos llames todas las noches.

J. LUIS.—¡No!

VIOLIN.—Tranquilízate. Mañana retornarás a tus afanes sin recordarnos.

D. JORGE.—*(A los músicos.)* A no ser que quiera morir.

J. LUIS.—*(Se vuelve hacia ellos.)* ¿Yo?

CHELO.—Puede que no pidiese escolta porque, sin saberlo, quisiera morir.


*(Tapándose la cara,* JUAN LUIS *deniega.)*


VIOLIN.—Un colapso en el lecho, por ejemplo...

CHELO.—¿Esta misma noche?

VIOLIN.—O alguna otra. O ninguna. No se sabe.

CHELO.—Tal vez pronto. Nos visita demasiado.

J. LUIS.—¡Yo no quiero morir!

VIOLIN.—¿Seguro?

J. LUIS.—¡Estoy vivo!

D. JORGE.—*(Que, desde unos segundos antes, mira hacia la derecha.)* Silencio.

*(Los músicos también han dejado de atender a JUAN LUIS y están pendientes de la derecha. Ahora se levantan. EL VIOLINISTA deja sobre su silla violín y arco.)*

J. LUIS.—*(Se acerca a las gradas y repite.)* ¡Vivo! *(Por la derecha irrumpe JULIA en el salón. Viene sonriente, con los ojos pasmados de gozoso asombro. Viste largo traje negro bellamente descotado. JUAN LUIS sigue las miradas de los tres y la ve.)* ¡Y tú también estás viva! *(Va hacia ella.)* ¡Te esperaba! ¡Sabía que vendrías! *(Sin reconocerlo, ella le mira con risueña perplejidad.)* ¡Feliz aniversario, amor mío! *(Se busca, ansioso, en los bolsillos.)* Tengo tu regalo. *(Saca el estuche de la primera noche y se lo ofrece.)* Acéptalo con todo mi cariño. *(Indecisa, ella toma el estuche, lo abre y se lo enseña a JUAN LUIS, denegando suavemente. Se advierte con claridad que en la cajita no hay nada. JULIA la devuelve y él la recoge, desconcertado. La mujer lanza una ojeada circular que busca vagamente a alguien, hasta que sus pupilas se clavan en EL VIOLINISTA. Su semblante resplandece. EL VIOLINISTA desciende las gradas y ambos se miran intensamente. Trastornado, JUAN LUIS retrocede sin perderlos de vista. Un profundo amor, que él no ha conocido, parece brillar en los ojos de la esposa y del joven músico.)* No lo mires, Julia. Tú estás viva.

JULIA.—Ya no. ¿Quién es usted?

J. LUIS.—Tu marido.

JULIA.—Nunca tuve marido. *(Vuelve los ojos hacia EL VIOLINISTA, que avanza hacia ella. Sus manos se estrechan. Ella baja los ojos.)* He envejecido...

VIOLIN.—*(Sonríe y, con un dedo en la barbilla, le levanta la cabeza hasta que ella vuelve a mirarlo.)* Aquí no hay edad.

D. JORGE.—¡Toca, hijo mío! ¡La música es tuya!

JULIA.—¿La música de la esperanza en el futuro?... ¿El himno a la vida?...

VIOLIN.—Ven.

> *(Sube las gradas y, sin soltar su mano, le sigue ella. Ya arriba, EL VIOLINISTA la suelta y recupera su instrumento. DON JORGE ofrece a JULIA el arco y la viola. Anhelante, ella los toma. JUAN LUIS estertora con repentino asombro. DON JORGE baja al salón y lo cruza hacia el primer término.)*

JULIA.—¿Es mía?...

VIOLIN.—Tuya.

JULIA.—*(Conmovida.)* ¡Gracias por mi regalo!

> *(DON JORGE se sienta en el peldaño del primer término, a la derecha. Los dos músicos están mirando a JULIA, arrobada en la contemplación de la viola que tiene en las manos. Como a una señal invisible, se sientan los tres y aprestan sus instrumentos. Sus miradas se cruzan: muévense los arcos y empieza la* Marcha. *DON JORGE mira al vacío: su expresión se vuelve soñadora y triunfal. Mientras tocan, JULIA y EL VIOLINISTA se contemplan con honda ternura. A los pocos segundos JUAN LUIS se deja caer de rodillas, de espaldas al mirador. Poco después se eleva su voz.)*

J. LUIS.—¡Julia!... *(Nadie repara en él. La música se expande.)* ¡Julia!...

> *(Continúa el brillante milagro sonoro. La oscuridad va invadiendo la escena hasta que*

*devora la imagen de* JUAN LUIS. *En el primer término, el viejo sentado sigue visible bajo un frío foco. En el fondo, el trío continúa la ejecución de la* Marcha *envuelto en una irisada, victoriosa luz.)*

TELÓN

# HOY ES FIESTA

## TRAGICOMEDIA EN TRES ACTOS

*A Claudio de la Torre,*
*con amistad y honda gratitud.*

Esta obra se estrenó la noche del 20 de septiembre de 1956, en el teatro María Guerrero, de Madrid, con el siguiente

## REPARTO

(Por orden de intervención)

| | |
|---|---|
| NATI .................... | *María Francés* |
| DOÑA NIEVES .......... | *María Luisa Moneró* |
| REMEDIOS ............. | *Pepita C. Velázquez* |
| SABAS ................... | *Manuel Rojas* |
| PACO .................. | *Teófilo Calle* |
| TOMASA ................ | *Adela Calderón* |
| MANOLA ............... | *Luisa Sala* |
| FIDEL .................. | *Pastor Serrador* |
| DANIELA ............... | *Victoria Rodríguez* |
| LA VECINA GUAPA ...... | *Malila Sandoval* |
| DOÑA BALBINA ......... | *Isabel Pallarés* |
| SILVERIO .............. | *Ángel Picazo* |
| CRISTÓBAL ............. | *Javier Loyola* |
| ELÍAS .................. | *Manuel Arbó* |
| PILAR .................. | *Elvira Noriega* |

Derecha e izquierda, las del espectador

Decorado: EMILIO BURGOS.
Dirección: CLAUDIO DE LA TORRE.

# EL DECORADO

Azoteas. En el primer término, a lo largo de algo más de los dos tercios de la derecha, se extiende un trecho de la primera, y el bloque por donde tiene su acceso ocupa el tercio izquierdo de la escena. Situado oblicuamente al proscenio, posee también este bloque una terracita cuyo más saliente ángulo se encuentra cerca del punto que separa el tercio izquierdo del resto de la embocadura. El lado derecho de este ángulo se aleja oblicuamente hacia el fondo dibujando parte de la planta del bloque, que es interrumpido por el arranque del pretil de la azotea, el cual, también oblicuamente, va a parar al primer término derecho de la embocadura y remata allí en un ancho y feo pilar de cemento por el que asoman tres o cuatro chimeneas. La superficie de esta primera azotea no es, por consiguiente, del todo visible y sólo cuenta de ella en la acción un sector triangular. La terracita del bloque de la izquierda está a un nivel algo más elevado —no llega a un metro— que el de la primera azotea. Se sale a ella por la pared frontal del bloque a que pertenece, pared donde vemos una puerta a la derecha, abierta y con una cortina muy ligera, y una ventana a la izquierda, con una cuerda de la que cuelgan dos pañuelos. Es una terraza diminuta, con barandilla de hierro que da a la primera azotea por la derecha, al proscenio por su frente y que remata por la izquierda, nada más doblar, sobre la inclinada tejavana que limita a la izquierda la azotea y el bloque perdiéndose en el lateral; tejavana en cuya vertiente acaso alcánzase a ver alguna claraboya. Un par de arandelas

de hierro con sus tiestos de flores decoran pobremente
la barandilla. En la terraza, una mesita de pino, con una
silla a la derecha y un derrengado sillón de mimbre a la
izquierda. Tras la terracita y adosado al bloque se eleva
otro pilar de chimeneas que sobrepasa al techo de éste,
formado a su vez por otra terraza o azoteílla cruzada en
sentido frontal por tres cuerdas sujetas a seis palos
atados a la barandilla que la rodea. Súbese a ella desde
la primera azotea por una escalerilla inserta en el
bloque de tal modo que divide a su pared en dos dis-
tintos planos, escalerilla que arranca del primer término
para formar un diminuto rellano sobre la puerta de la
azotea principal, y que luego, mediante un tramo en
dirección contraria, concluye en el ángulo anterior de
esta azotea alta. Bajo la escalerilla, en el plano más
externo de pared que la sustenta y muy cerca del
arranque del pretil, la puertecita de acceso a la primera
azotea, que se acaba de citar.

El pretil, de un metro o poco menos de alto, sólo da a
la calle por un corto trecho, junto a las chimeneas de la
derecha. El resto sirve de separación con la azotea del
fondo, situada al mismo nivel que la del primer término
y cuyo pretil arranca perpendicularmente del de ésta,
dobla más lejos y, a lo largo del fondo, se pierde tras el
bloque de la izquierda. Adosado a su derecha vemos
asimismo un palo de donde parte una cuerda que cruza
y se pierde igualmente tras el bloque.

Trátase, por lo tanto, de dos casas contiguas, no muy
altas —cuatro o cinco pisos, a lo sumo—, pues tampoco
lo son las manzanas fronteras y, sin embargo, alcanzan
en parte más altura que nuestras azoteas. Las vemos
tras el pretil del fondo, dibujando una cresta de guardi-
llas, tejados, tragaluces, chimeneas y terrazas tras la
que asoma alguna cúpula lejana y en cuyo centro una o
dos casas algo más elevadas permiten divisar las clá-
sicas colgaduras con los colores nacionales, ya un tanto
descoloridas, que adornan algunos balcones de sus
últimos pisos.

Todo viejo, desconchado y deslucido por la intemperie. Por el suelo de la primera azotea, junto al pretil, un taburete de tres patas, caído. Junto a las chimeneas de la derecha, un cajón hecho trizas, con un tiesto rajado y una palangana abollada y carcomida. Mas, sobre todo ello, la tersa maravilla del cielo mañanero y la ternura del sol que, desde la derecha, besa oblicuamente las pobres alturas urbanas.

# ACTO PRIMERO

*(El telón se alza lentamente sobre las azoteas vacías. A poco, la puertecita de la principal se abre y entra* NATI: *Una mujer ya no joven, seca y arisca. Es la portera. Saca de la cerradura la llave con que abrió y se la guarda. Luego sale para coger el cesto de ropa que trae, con el que vuelve a entrar de inmediato. Tras un segundo de vacilación, porque se deja abierta la puerta, se encoge de hombros y sube cargada con el cesto a la azotea alta, donde lo deja y empieza a tender prendas de ropa, la primera de las cuales, una amplia sábana que llega casi al suelo, cuelga a la izquierda de la cuerda del fondo. Momentos después* DOÑA NIEVES *levanta la cortina y sale a su terracita. Es una vieja de cara marchita y ojos hinchados por el sueño. Aún no se ha lavado ni peinado y sus cabellos, de un oxigenado detonante, penden desgreñados. Viene en chancletas y con una bata muy usada. Al entrar, bosteza con ruido, se hace una cruz en la boca, mira al cielo y se despereza. Luego va a apoyarse en la barandilla que da al proscenio y mira hacia abajo.)*

NATI.—*(Sin dejar su trajín.)* Buenos días, doña Nieves.

DOÑA NIEVES.—*(Sorprendida, procura arreglar el desorden de su aspecto.)* Hola, Nati. ¿Tan pronto y ya de faena? No son más que las diez.

NATI.—¡Huy! Desde las siete estoy yo dando valsones.

Que si abrir el portal, que si el desayuno, que si lavar...

DOÑA NIEVES.—¡Remedios!

NATI.—... Que si aviar la casa, que si mandar a mi chica a la plaza...

DOÑA NIEVES.—¡Remedios!

NATI.—Cómo se nota...

REMEDIOS.—*(Voz de.)* ¡En seguida está!

NATI.—... Cómo se nota que usted lo gana bien. Hasta las diez en la camita.

DOÑA NIEVES.—Mujer, todos trabajamos. Pero como hoy es fiesta...

NATI.—No será para mí. Y menos una como la de hoy, que no es de guardar ni nada. (DOÑA NIEVES *ahoga un bostezo y se deja caer en su sillón.* NATI *se asoma a la barandilla de la derecha.)* Por quitarme antes la carga del cesto me dejé abierto y estoy intranquila..., no vaya a ser que se cuele alguien y tengamos cuestión.

DOÑA NIEVES.—Esta Remedios me tiene harta. *(Grita.)* ¡Reme...!

> *(No llega a terminar.* REMEDIOS *sale a la terraza con un vaso de café y una botella de anís. Es una mujer madura, delgada, de apariencia anodina y mirada casi siempre baja, que viste de oscuro.)*

REMEDIOS.—*(Va rápida a la mesita y deja lo que trae.)* Aquí lo tienes. *(Saca una copa del bolsillo del delantal, que repasa con un pico del mismo y deja después sobre la mesa, llenándola.)* ¿Me llevo la botella?

DOÑA NIEVES.—*(Mirada furtiva a* NATI.) Sí. *(Saca una punta de lápiz del bolsillo de su bata y marca una señal sobre la etiqueta.)* Y avía en seguida el gabinetito.

REMEDIOS.—Ahora mismo.

> *(Se va con la botella. DOÑA NIEVES bebe su café y su anís.)*

NATI.—Con poco se mantiene usted.

DOÑA NIEVES.—Tomaré algo a media mañana. Al levantarme no me sienta bien.

NATI.—*(Vuelve a mirar por la barandilla.)* Estoy volada, con la puerta. *(Sigue colgando ropa.)* ¿Va a salir esta tarde?

DOÑA NIEVES.—Quiá, hija. Las fiestas son mis días. Es cuando viene más gente. ¿Y usted?

NATI.—Por la noche nos iremos al cine Juan y yo.

DOÑA NIEVES.—Me hará el favor entonces de indicar bien a los que pregunten en la portería...

NATI.—Descuide, doña Nieves. Como siempre.

DOÑA NIEVES.—Pero ya sabe: si alguno no le parece de fiar...

NATI.—Que llamen a otra puerta. A esos los tengo yo muy calados.

DOÑA NIEVES.—Gracias, hija. *(Se levanta.)* Voy a aviarme. Cuando tenga un ratito, suba a probar unos bollos que me han regalado. Le gustarán.

NATI.—¡Ay, muchísimas gracias!

DOÑA NIEVES.—Está el día rico, ¿eh?

NATI.—Pura gloria.

DOÑA NIEVES.—Hasta luego, entonces.

NATI.—Hasta luego, doña Nieves.

> *(Sale DOÑA NIEVES. NATI está terminando de tender. REMEDIOS. sale a la terraza. Coge la copa y la escurre en su boca, con un gesto de contrariedad por lo poco que cae. Luego palpa los dos pañuelos de la cuerda y los descuelga. Mete la copa en el vaso, recoge todo y se dispone a irse. En la azotea irrumpe SABAS: un mastuerzo joven y despechugado, fuerte y con cara de bruto.)*

SABAS.—*(Nada más entrar, se vuelve y dice:)* ¡Sube, ale-
lado! La azotea está abierta.

> *(Atiza un puntapié a una disforme pelota de
> trapo que traía y la lanza a la azotea del
> fondo. Entonces aparece* PACO, *otro golfante
> de aspecto canijo y ojillos vivaces.)*

PACO.—¡Gol!

> *(Salta a la otra azotea y recoge la pelota.*
> REMEDIOS *se ha detenido al verlos.)*

NATI.—*(En jarras.)* ¡Si ya lo decía yo! ¡Si es que no
puede una descuidarse ni un segundo! ¡Largo de aquí!
PACO.—¡Para!

> *(Le echa la pelota a* SABAS, *que la para con la
> cabeza, y vuelve a saltar a la primera azotea.)*

NATI.—*(Sobre el barandal.)* ¿No han oído?
DOÑA NIEVES.—*(Voz de.)* ¡Remedios!

> (REMEDIOS *sale de prisa de la terraza.)*

NATI.—¡He dicho que fuera!
SABAS.—*(Mientras regatea con* PACO.) La azotea es
nuestra.
PACO.—Déjala. Vámonos a la mía.
NATI.—¡Tampoco! Está prohibido saltar de una a
otra.
PACO.—¿De veras?

> *(Salta a la azotea del fondo.)*

NATI.—¡No haga eso!
PACO.—Estoy en mi azotea.
NATI.—¡Pues quédese en ella de una vez! *(A* SABAS.)
¡Y usted, salga!

SABAS.—Estoy en mi azotea.

(PACO *salta de nuevo.*)

PACO.—Combina.

(SABAS *le lanza la pelota.*)

NATI.—*(Furiosa.)* Ahora mismo vamos a ver si salen o
no salen.
(*Saca del fondo del cesto un par de calcetines,
que cuelga, y baja por la escalerilla.*)

PACO.—*(Burlón.)* ¡Qué miedo, Sabas! Mira qué cara
trae.
SABAS.—¡Madre mía, qué miedo!

(*Abajo ya,* NATI *va a la puerta de la azotea y
saca la llave.*)

PACO.—*(Se esconde cómicamente tras* SABAS, *como si la
llave le hubiese asustado.*) ¡Socorro!
NATI.—¡Vamos, que cierro! ¡Salgan de una vez!

(*En este momento entra* TOMASA: *una muje-
rona ya vieja, atrozmente ordinaria.*)

TOMASA.—¿Y por qué tienen que salir, vamos a ver?
SABAS.—¡Duro, madre!
NATI.—Señora Tomasa, no me tire de la lengua, que
de sobra sabe usted que aquí no se puede estar.
PACO.—*(Ya abroncado, señala con la cabeza.)* ¡Pues a la
nuestra bien que podemos subir!
NATI.—Allá la portera, que bien se lo tengo dicho. Si
algún día hay un robo, será culpa suya. Yo, con cerrar
la mía...
TOMASA.—*(Seca.)* Dirá usted la nuestra.
SABAS.—*(Ríe.)* ¡Ahí le ha dado!

NATI.—*(Airada.)* ¡De quien sea, pero tiene que estar cerrada! ¡Conque, largo!

SABAS.—*(Burlón.)* A sus órdenes, mi sargento. *(Salta a la azotea del fondo.)* ¡Chuta!

> (PACO *salta también y le envía la pelota de un puntapié.)*

NATI.—¡Que por ahí, no! ¡Que les he dicho que no salten! *(Se abalanza al pretil.)*

TOMASA.—Déjelos que jueguen.

NATI.—¡Qué voy a dejar!

PACO.—¡Qué va a dejar! Lo que va a hacer es saltar también para sacudirnos la badana.

SABAS.—¡Qué miedo!

PACO.—¿Desea saltar, señora? ¿Le doy la mano?

> (TOMASA *ríe.)*

NATI.—*(Sobre el pretil.)* ¡Sinvergüenzas! ¡Bribones!

SABAS y PACO.—*(A coro.)* ¡Que salte!... ¡Que salte!...

NATI.—¡Golfos!

SABAS.—Vamos, Paco. Te juego un futbolín en Casa Claudio. ¡Hasta luego, madre!

PACO.—¡Para!

> (Le lanza la pelota. Desaparecen los dos tras el bloque. Vanse perdiendo sus voces.)

TOMASA.—Cosas de muchachos.

NATI.—*(Jadeante y humillada, torna a la puerta.)* Es que una sabe sus obligaciones y no quiere líos. *(Saca otra vez la llave.)* Bueno... Pues cuando usted quiera.

TOMASA.—Cuando yo quiera, ¿qué?

NATI.—Salimos.

TOMASA.—¡Quiá, hija! Para una vez que me encuentro abierta la azotea, no es cosa de desaprovechar. Se me ha antojado respirar un ratito el aire aquí arriba.

NATI.—¡Es que tengo que cerrar!

TOMASA.—No será mientras yo esté.

NATI.—*(Resuella.)* Señora Tomasa, vengámonos a razones, que yo tengo mucho que hacer y...

TOMASA.—¡Cuánto lo siento, Nati! Yo lo tengo todo hecho.

NATI.—¿Es que se va usted a reír de mi? ¡Ca, no, señora! ¡Ahora mismo sale usted o...!

TOMASA.—¿O qué?

NATI.—¡O la dejo encerrada!

TOMASA.—*(También furiosa.)* ¿A que no?

NATI.—¿Que no? *(Mete la llave en la cerradura y trata de cerrar.* TOMASA *se aferra al borde de la puerta y la sujeta con el pie.)* ¡Quite el pie, que se lo voy a pisar!

TOMASA.—¡Como me pise usted el pie, le piso yo a usted la cabeza!

NATI.—*(No puede mover la puerta; la otra es más fuerte.)* ¡Quítelo!

TOMASA.—*(Ríe.)* Tiene usted muy poca chicha para mí.

> *(Menuda y viva como una ardilla,* MANOLA *aparece tras* NATI. *Es otra comadre, joven todavía, que trae un brazado de ropa.)*

MANOLA.—¿Me deja pasar?

> *(Se desliza en la azotea.)*

NATI.—*(Suelta la puerta.)* ¿Otra? ¿A qué viene?

MANOLA.—A tender esta ropa que me ha sobrado. He visto abierto y me he dicho: «Aprovecha, Manola, que ya tienes todo el patio colgado.» Con permiso.

> *(Se dirige a la escalerilla.)*

NATI.—¡Aquí no se puede tender!

TOMASA.—¡Y dale! Aquí no se puede tender, aquí no se puede estar... Y usted, ¿por qué tiende?

NATI.—¡Soy la portera!

MANOLA.—*(Que sube.)* Y yo la inquilina del tercero izquierda.

> *(Risita.)*

NATI.—¡Baje usted!

> (MANOLA *no le hace caso y se pone a tender en la cuerda más cercana al proscenio, que* NATI *dejó libre.)*

TOMASA.—*(Harta.)* ¡Cállese! Usted es la única que puede subir a tender o a rascarse las narices; y los demás que se aguanten en sus cuchitriles, ¿no? ¡Pues no, señora! ¡Esto se ha acabado! ¡Ni salimos ni saldremos en todo el día, ya lo sabe! ¡Ahora mismo bajo a casa y me subo una silla! Y avisaré a los demás vecinos para que suban también, ¿se entera? ¡Vamos a ver de una vez de quién es la azotea!

MANOLA.—*(Mientras tiende.)* ¡Y además, que hoy es fiesta!

TOMASA.—*(Echándose encima de* NATI.) ¡Eso! ¡Y hacemos lo que nos da la gana! Conque ya está usted tomando soleta.

> *(De improviso,* NATI *trata de cerrar la puerta.* TOMASA *vuelve a poner el pie, inexorable.* MANOLA *mira desde arriba.)*

NATI.—*(Saca de golpe la llave de la cerradura y se la guarda.)* ¡Ahora subirá mi Juan a ver si salen o no salen ustedes!

> *(Se va echando chispas.)*

TOMASA.—*(Desde la puerta.)* ¡Échele un jarro de agua en el colodrillo, a ver si se despierta! *(Despectiva, se acerca al pretil.)* Su Juan. ¡Vamos!...

MANOLA.—¡Digo! Menudo gandul es.

TOMASA.—Y ella una abusona. ¿La ayudo?

MANOLA.—Gracias, mujer. Son cuatro pingos.

TOMASA.—*(Se acerca a la derecha y mira a la calle por el pretil.)* Siempre me pregunto de qué vivirá esa mujer de la esquina. Entre todo lo que tiene en la cesta, no llega a seis duros.

MANOLA.—La ayuda su sobrino.

TOMASA.—¡Ya está mi pequeña comprándole pipas!

MANOLA.—¿Y qué, mujer?

TOMASA.—Que siempre está con el estómago sucio de todas las porquerías que se traga. *(Grita.)* ¡Tomasica! *(Ríe.)* Vaya susto que se ha pegado. *(Alto.)* ¡Vuela a la cocina y vigila el puchero, condenada! ¡Y vete preparando, que va a haber solfa! *(Se aparta.)* ¡Hum!... ¿Se ve mucho desde ahí arriba?

MANOLA.—Ya lo creo. Hasta la pradera. Ahora están instalando un tiovivo.

TOMASA.—*(Subiendo.)* Lo que yo quiero ver es el balcón del tercero de ahí enfrente. Dicen que ella le pega a él. *(Mira desde el rellano.)* Está cerrado. *(Termina de subir y toma una de las prendas de la portera.)* Mire. ¿Usted cree que esto es zurcir?

MANOLA.—*(Se asoma entre sus ropas.)* Es una manirrota.

> (DOÑA NIEVES *sale a su terraza con un bote de agua y riega un poco sus tiestos.* MANOLA *se la indica a* TOMASA *por señas y la espían, silenciosas, tras las ropas. La transformación de* DOÑA NIEVES *es sorprendente. Muy peinada, con ricitos pegados a las sienes y la cara pintada, cree, sin duda, que aún podría presumir. Lleva ahora un traje negro con puntillas en el cuello y un broche al pecho.* REMEDIOS *asoma.)*

REMEDIOS.—Bajo a la tienda.

DOÑA NIEVES.—*(Hosca.)* ¿Cuántos días llevas sin limpiar el cuadro de las Ánimas Benditas?

REMEDIOS.—Ayer le pasé el plumero.

DOÑA NIEVES.—Sería por el rabo. Mira cómo me he puesto el dedo.

REMEDIOS.—*(Seca.)* Bueno, yo no tengo la culpa de que aún no haya venido nadie.

DOÑA NIEVES.—¡Pero de no valer para nada sí que la tienes! Toma, llévate el bote. *(Se lo da.* REMEDIOS *va a salir.)* Espera. *(Sin mirarla.)* ¿Sabes algo de... la otra?

REMEDIOS.—*(La mira muy fijo.)* Ayer me dijo la muchacha que fueron lo menos quince a visitarla.

DOÑA NIEVES.—*(Recomida.)* ¡Je! Y eso que no era fiesta. ¿Qué será hoy?

REMEDIOS.—Y me dijo que una señora que fue llevaba un collar hasta aquí. *(Se señala el estómago.)* Y que...

DOÑA NIEVES.—¡Bueno, basta! *(Se rehace.)* ¿Le has puesto la comida al gato?

REMEDIOS.—Sí. ¿Me das el dinero?

> *(Con un gesto destemplado,* DOÑA NIEVES *indica a* REMEDIOS *que salga y sale tras ella. Las comadres salen de entre las ropas y se acercan a la barandilla.)*

TOMASA.—*(Confidencial.)* No se llevan nada bien.

MANOLA.—¿Hace mucho que no la consulta usted?

TOMASA.—Desde el viernes pasado.

MANOLA.—¿Y le ha salido algo?

TOMASA.—*(Misteriosa.)* Sí sale, sí... Al principio parece que no; pero luego, si se piensa bien, se da una cuenta de que salen las cosas que dice. Sólo que hay que entenderlas.

MANOLA.—*(Que ha asentido muy convencida.)* Oiga, señora Tomasa... ¿Y si fuéramos ahora?

TOMASA.—¡Lo estaba pensando! ¡Vamos!

> *(Corre a la escalerilla.)*

MANOLA.—*(Tras ella.)* Tendremos que bajar por un durillo. Ya sabe que nunca fía.

TOMASA.—Mejor. Así le echo un vistazo al puchero y le arreo de paso una bofetada a Tomasica, que se la tiene muy merecida. *(Ya están abajo. Detiene a* MANOLA.*)* ¿Y si cierra la Nati?

MANOLA.—Tengo ya la ropa tendida. ¡Y a la que subimos traemos las sillas para luego!

TOMASA.—¡Vamos! *(Va a salir y casi tropieza con* FIDEL, *que entra. Es un muchacho de aspecto encogido, que usa gafas de gruesos cristales y trae bajo el brazo dos o tres libros.)* ¿A qué vienes tú?

FIDEL.—A... estudiar un poco. Abajo hay mucho ruido por el patio.

*(Cruza.)*

TOMASA.—¿Se ha levantado ya tu padre?

FIDEL.—No.

TOMASA.—Pues cuida de que la Nati no cierre la azotea, que yo subo en seguida.

*(Salen las dos comadres y, en cuanto las pierde de vista,* FIDEL *se precipita al pretil, deja los libros encima y atisba hacia la azotea del fondo con gran interés. Una pausa.* DANIELA *entra en la primera azotea y lo mira. Es una muchacha no fea, vestida con mucha sencillez, que trae una bolsa de hule en la mano.)*

DANIELA.—¿Qué miras?

FIDEL.—*(Sobresaltado.)* ¿Eh? *(De mala gana.)* Ah, eres tú...

*(Se vuelve y se recuesta sobre el pretil.)*

DANIELA.—*(Tímida, llega a su lado.)* Cuando salía te vi subir. Hace tiempo que no venimos aquí... Siempre está cerrado.

FIDEL.—*(Ojeada a la otra azotea.)* Sí.

DANIELA.—¿Te acuerdas de una vez que estaba abierto y subimos a jugar? Entonces mi pobre padre todavía vivía y subió a buscarme. Y a mí me dio mucho miedo, y tú me ayudaste a saltar y nos escondimos ahí *(Señala a la otra azotea.)* mientras él me llamaba... Era muy bueno... ¿Te acuerdas? Y luego se me pasó el miedo y estábamos tú y yo muertos de risa. *(En la azotea del fondo aparece una joven con un cesto de ropa. Es una muchacha muy atractiva, de boca siempre sonriente y bellos ojos maliciosos, que viste una bata estampada bastante bonita. Mira a la pareja de reojo y, dejando la cesta, comienza a tender. FIDEL la mira a hurtadillas de DANIELA, que sigue hablando con los ojos bajos.)* Hace ya muchos años... Yo tenía nueve y tú doce.

FIDEL.—Te acuerdas muy bien.

DANIELA.—*(Abstraída.)* Fue un tiempo muy bonito... *(Se enardece.)* Pero no he subido para hablarte de eso, Fidel. Al verte me acordé de lo compenetrados que estuvimos entonces... Y pensé que tal vez tú podrías... aconsejarme... Estoy muy inquieta.

FIDEL.—¿Inquieta?

DANIELA.—*(Ojeada a la vecina.)* Ven. No quiero que me oiga ésa. *(Se guarece tras las chimeneas de la derecha y le hace señas de que se acerque. Ahogando un suspiro de contrariedad, FIDEL acude a su lado. La vecina se detiene un momento y los mira con sorna.)* No sé a quién recurrir, Fidel. A lo mejor son figuraciones mías, pero no vivo de intranquilidad.

FIDEL.—*(Distraído, trata de mirar a la vecina.)* No será nada grave, mujer.

DANIELA.—¡Ojalá! Porque... se trata de mi madre. No sé si hago bien en hablarte... ¡Pero yo tengo que decirlo, yo...! ¡Fidel, júrame que no lo dirás a nadie! ¡Júramelo!

> *(Le oprime un brazo mirándole, nerviosa, a los ojos. FIDEL no se ha enterado, pendiente de la bella vecina.)*

FIDEL.—¿Eh? Sí, claro... No será nada...

*(Una pausa. DANIELA lo mira, observa a la vecina y vuelve a mirarlo fijamente.)*

DANIELA.—*(Fría.)* Adiós.

*(Se encamina a la puerta.)*

FIDEL.—*(Reacciona.)* Pero, oye...

*(Da unos pasos tras ella. DANIELA se vuelve y mira a los dos un momento, dolida. Luego sale. Con un gesto de contrariedad, FIDEL se acerca al pretil. La vecina lo mira con descaro, sonriente, y él disimula con sus libros. En su faena, se esconde ella tras el bloque. FIDEL toma sus libros y sube a la azotea alta, donde desaparece tras las ropas para seguir mirando, al tiempo que TOMASA entra en la azotea con dos sillas diferentes y las deja con un golpe seco, saliendo inmediatamente. Entonces aparece DOÑA NIEVES en su terraza, seguida de MANOLA.)*

DOÑA NIEVES.—Siéntese.
MANOLA.—Mi duro.
DOÑA NIEVES.—Gracias.

*(Lo guarda. TOMASA entra en la terraza, empuja a MANOLA y se sienta sin contemplaciones.)*

TOMASA.—¡Aquí está mi duro! ¡A mí primero!

*(Le paga a DOÑA NIEVES, que se sienta en el sillón.)*

MANOLA.—¡Yo he pagado antes!

TOMASA.—Y yo le he sacado la silla a la azotea.

DOÑA NIEVES.—Calma. Hay tiempo para las dos. Pero ¿por qué no quieren hacerlo dentro?

TOMASA.—Desde aquí estaré al tanto, para que no cierre la Nati.

DOÑA NIEVES.—A su gusto. *(Repasa la baraja que ha traído.)* Usted será la sota .de bastos. *(La separa y la coloca boca arriba sobre la mesa. Baraja.)* ¿Pregunta algo o quiere saber su suerte en general?

(FIDEL *aparece entre las ropas y las mira con disgusto.)*

TOMASA.—¿Puedo preguntar algo para mí?

DOÑA NIEVES.—*(Seca.)* Las cartas no engañan. Pero así es más difícil de interpretar... Bien. Probaremos. Piense mucho en su pregunta. No se la quite de la cabeza.

TOMASA.—Eso hago. *(Fastidiado,* FIDEL *decide irse y baja la escalerilla.)* ¡La portera! *(De un salto, asómase* TOMASA *a la barandilla y ve a su hijo.)* ¡Tú tenías que ser! ¿A dónde vas?

FIDEL.—A casa.

TOMASA.—Pues cuidado con decirle a tu padre dónde estoy.

FIDEL.—*(De mal humor.)* Yo no sé nada.

*(Sale.* TOMASA *lo mira salir, suspicaz.)*

DOÑA NIEVES.—*(Reticente.)* A mí me da lo mismo. Pero con interrupciones no puede salir bien. Se va la gracia.

TOMASA.—Si no habíamos empezado...

DOÑA NIEVES.—Eso cree usted. ¡Siéntese! *(Sumisa, vuelve a sentarse* TOMASA. *DOÑA NIEVES baraja y, al cabo de un momento, salmodia con los ojos bajos.)* Hay que esperar... Hay que esperar siempre... La esperanza nunca termina... Creamos en la esperanza... La esperanza es infinita.

MANOLA.—*(Arrobada.)* ¡Qué palabras más preciosas!

DOÑA NIEVES.—Corte con la izquierda. TOMASA *lo hace.* DOÑA NIEVES *distribuye boca abajo cuatro parejas de cartas alrededor de la sota y luego otra carta sobre ésta.)* Levante usted misma. *(Le señala una de las parejas.* TOMASA *la levanta.)* Sorpresas cercanas... Fiesta en su casa. No le faltará el aquél... Papeles valiosos se acercan... por esquinas.

MANOLA.—¡Dios mío, qué misterio!

DOÑA NIEVES.—*(Cauta.)* ¿Va bien con la pregunta?

TOMASA.—*(Muy contenta.)* ¡Yo creo que sí!

DOÑA NIEVES.—*(Señala otra pareja.)* Levante. (TOMASA *lo hace. La mira y medita.)* Dos de oros. Lágrimas y disgustos vienen por caminos cortos. Siete de espadas: discordias, decepción, peligro de cárcel.

TOMASA.—¡Ya se torció!

DOÑA NIEVES.—Según lo que digan las otras. *(Señala y* TOMASA *levanta otra pareja.)* El caballo de copas y el tres de oros. Recibe buenas noticias que le trae un joven moreno... entre dos luces.

TOMASA.—¡Eso sí que es verdad! ¡Cabal lo que yo pensaba! ¿Levanto?

DOÑA NIEVES.—Sí. *(Interpreta.)* Oro, lujo y esplendor.

TOMASA.—¡Ay, que sale! ¡Ay, que sale!

DOÑA NIEVES.—*(Prudente.)* Pero las espadas vuelven a señalar disgustos.

MANOLA.—¿A que sé lo que pregunta? ¿A que es lo mismo que iba a preguntar yo?

> *(Entran en la azotea* DOÑA BALBINA *y* SILVERIO. *Trae éste, bajo el brazo, una caja de madera. Aunque cercano ya a los cincuenta, es hombre de buen porte; y la tersura y nobleza de su fisonomía nos lo harían suponer más joven si no fuese porque su limpio cabello cano y su melancólica sonrisa denuncian la*

Escena de *Hoy es fiesta*

*Foto Gyenes*

*fatiga de la edad. Viste, con sencillez algo
bohemia, un pantalón gris y una vieja chaqueta
de pana sobre una despechugada camisa de
color.* DOÑA BALBINA *es una señora que pro-
media también el medio siglo. Viste pobres
ropas de alivio de luto, con cierta distinción en
su corte pasado de moda. Angulosa y seca, la
obsequiosa sonrisa que de continuo distribuye
no dulcifica, sino que acentúa el vinagre de su
gesto.)*

DOÑA BALBINA.—Ya era hora de que los vecinos
pudiéramos disfrutar de la azotea. ¿Verdad, don Silverio?

SILVERIO.—Y de trabajar al fresquito, que es lo que a
mí me gusta.

*(A sus voces, la escena de la terraza se inte-
rrumpe. Rápida, vuelve a asomarse* TOMASA.
SILVERIO *va, entretanto, a la derecha y se
asoma a la calle. Luego deja su caja sobre el
pretil, más al centro de éste.)*

DOÑA NIEVES.—*(Molesta.)* ¿Otra vez?

DOÑA BALBINA.—¡Si es la señora Tomasa! Buenos
días a todas.

*(Se acerca.)*

SILVERIO.—*(Se vuelve desde el pretil.)* Y bien buenos
que son.

DOÑA NIEVES.—Buenos los tengan ustedes.

DOÑA BALBINA.—Cartitas, ¿eh? Sigan, sigan. Ya sabe
doña Nieves que a mí estas cosas no me parecen serias,
pero respeto el criterio de los demás.

DOÑA NIEVES.—*(Con retintín.)* Pues entonces, con su
permiso.

TOMASA.—Sí, con su permiso. Sólo falta una carta, ¿sabe?

(*Se apresura a sentarse.*)

DOÑA BALBINA.—*(Ríe.)* ¡Que sea buena! (*Sube por la escalerilla.*) Voy a ver...

>  (*Entre tanto* SILVERIO *abre su caja, levanta el taburete caído, se sienta y comienza a trabajar con unos alicates y un martillito en dos cortos tubos acodados de latón. Con ademanes reprobatorios,* DOÑA BALBINA *curiosea la ropa tendida.*)

DOÑA NIEVES.—Levante la de en medio. Pero no respondo de nada. Se ha debido de perder toda la gracia.

TOMASA.—*(Contrita.)* Yo creo que no...

>  (*Levanta con mucho miedo la carta que cubre a la sota.*)

DOÑA NIEVES.—El as de oros. Victoria.

TOMASA.—¡Y dinero! ¿No significa dinero?

DOÑA NIEVES.—*(Sonríe.)* Hay muchos oros sobre la mesa... Sí. Podría ser dinero.

MANOLA.—¿Ve como era lo mismo? Usted ha preguntado si le va a tocar hoy la lotería.

>  (DOÑA BALBINA *se asoma y las mira.*)

TOMASA.—¡Y me va a tocar! ¡Ya ve lo conforme que ha salido todo!

MANOLA.—¡A lo mejor nos toca a todas! Todas tenemos participaciones de las demás... ¡Ay, doña Nieves, Dios lo quiera!

>  (SILVERIO *las mira, sonriente.*)

DOÑA NIEVES.—*(Seca.)* No se confíen. También han salido lágrimas y disgustos.

TOMASA.—¡Como me toque la lotería me importan un bledo! ¿Cuántas lágrimas hay que echar? ¿Mil? Pues hale, a echarlas. ¡Pero que me toque la lotería!

*(Se levanta, muy alegre.)*

MANOLA.—*(Se sienta en seguida.)* A ver si se confirma conmigo.

DOÑA NIEVES.—*(Recoge las cartas y baraja.)* Como su marido está... fuera, usted será la sota de espadas.

*(La busca.* REMEDIOS *asoma.)*

REMEDIOS.—¡El señor Cristóbal sube echando chispas por la escalera!

*(Todas se levantan.)*

TOMASA.—¡Y lo tengo sin desayunar! ¡Escóndame, doña Nieves!

DOÑA NIEVES.—Pasen adentro.

TOMASA.—¡Por favor, señor Silverio, siéntese en mi silla, que la va a conocer!

(SILVERIO *sonríe y lo hace. Abandonan todas la terraza.* DOÑA BALBINA *empieza a bajar, curiosa.* CRISTÓBAL *entra. Viene en mangas de camisa y viejo pantalón azul. Es un hombretón calvo, de recio bigote y aspecto enérgico.)*

CRISTÓBAL.—*(Cruza, rápido, y mira a todos lados con suspicacia.)* Hola, Silverio. ¿No estaba mi mujer por aquí?

SILVERIO.—*(Se encoge de hombros.)* Yo, como estoy con mi trabajo...

DOÑA BALBINA.—*(Ha descendido y se acerca al pretil, bajo la mirada suspicaz de* CRISTÓBAL.*)* Yo no la he visto.

CRISTÓBAL.—No, si ya me figuro dónde está. ¡Pues me va a oír! *(Da un paso hacia la puerta.* DOÑA NIEVES *entra en su terraza y se sienta plácidamente.* CRISTÓBAL *se acerca.)* ¿Está mi mujer ahí dentro?

DOÑA NIEVES.—Buenos días, primero.

CRISTÓBAL.—¡Déjese de monsergas, que nos conocemos bien! Cuando salió de casa la oí subir, subir y no bajar. De modo que está ahí dentro. Seguro. ¡Ha subido a consultar las condenadas cartas de usted!

DOÑA NIEVES.—¡Tenga cuidado con lo que dice, que estoy en mi casa!

CRISTÓBAL.—*(Grita.)* ¡Ábrame y se lo diré dentro, y a ella también, que sé que me está oyendo! ¡Si me sé de memoria el truco! Que si las copas dicen que sí, pero los bastos dicen que no. ¡Bruja de los diablos!

DOÑA NIEVES.—¡Oh! *(Se santigua y se levanta.)* ¡No tolero insultos! Ha de saber que me gano la vida con mi trabajo honrado y que de las cartas no puede uno reírse, eso es, y que más valdría que usted las consultase también, a ver si así aprendía respeto y maneras. ¡Más vale mi baraja que no la de Casa Claudio, que bien que pierde usted en ella los dineros! ¡Eso es!

CRISTÓBAL.—*(Comienza casi al mismo tiempo.)* ¡Bruja de pega, como todas las del oficio! ¡Pero tenga cuidado, que hay leyes y le puede costar muy caro el perturbar la tranquilidad de las familias! *(Grita.)* ¡Y tú, Tomasa, no me frías más la sangre y sal de una vez!

DOÑA NIEVES.—*(Insiste en la terminación de su perorata.)* ¡Eso es!

*(Con un respiro desdeñoso se mete en su casa.)*

CRISTÓBAL.—¡Está en la escalera! *(Corre a la puerta mientras dice:)* ¡Maldita sea, me la han jugado! *(Tropieza con* MANOLA, *que entra en ese momento y hace lo posible para impedirle el paso y la visión.)* ¡Vaya! ¡La soga tras el caldero!

MANOLA.—*(Risita.)* ¡Huy! ¿Y eso qué quiere decir?

CRISTÓBAL.—Que la soga es usted y el caldero mi señora. ¿Dónde está?

MANOLA.—¿Y yo qué sé? (CRISTÓBAL *la aparta.)* ¡Oiga!...

CRISTÓBAL.—¿Quién baja la escalera corriendo? ¡Tomasa!

*(Y sale como una bala.)*

DOÑA BALBINA.—¡Qué fiera de hombre!

MANOLA.—Si la agarra la deshace. Yo voy a ver.

*(Sale.* SILVERIO *ríe y martillea.)*

DOÑA BALBINA.—*(Pasea por la azotea observándolo todo.)* ¿Ha visto qué tiberio? Y es que son todos muy ordinarios. Yo hace tiempo que me habría mudado. Pero después de vivir aquí con mi pobre marido, que en paz descanse, le he tomado cariño al piso. Esto se lo digo porque usted también es de buena clase, que todo se sabe.

SILVERIO.—*(La mira con sorna.)* Quiá, no, señora. Ya ve: un trabajador como ellos.

DOÑA BALBINA.—Modesto que es usted. A la legua se ve que usted y su señora son gente distinguida.

SILVERIO.—Favor que usted nos hace. *(Trabaja.)*

DOÑA BALBINA.—Nada de eso: la verdad. Y a propósito: ¿Cómo está su señora?

SILVERIO.—*(Se detiene y la mira. Lento.)* Muy bien, gracias.

DOÑA BALBINA.—*(Se acerca.)* No me refiero a... su desgracia, claro. Se me hacía que estos días estaba como... un poco fatigada.

SILVERIO.—*(Sin dejar de mirarla, con cierta preocupación.)* Pues no, señora. Está perfectamente.

DOÑA BALBINA.—*(Sonríe.)* Figuraciones tontas: discúlpeme. Es que los vecinos debemos estar para ayu-

Escena de *Hoy es fiesta*

*Foto Gyenes*

darnos, y más entre gentes como ustedes y yo. Ya sabe que siempre pueden contar conmigo...

SILVERIO.—*(Frío.)* Mi mujer y yo se lo agradecemos muy de veras.

> *(Clavetea. Una pausa. Por la azotea del fondo aparece* ELÍAS: *un cincuentón pobremente trajeado que usa gafas baratas. Viene con las manos en los bolsillos y una vieja pipa humeante en la boca.)*

ELÍAS.—*(Su voz es robusta; su tono, campechano.)* ¡Buenos días!

DOÑA BALBINA.—Buenos días.

ELÍAS.—Silverio, ¿qué milagro es éste? ¿Se humaniza el mastín con faldas que tenéis en la portería?

SILVERIO.—*(Se levanta y va a su caja para buscar una herramienta. Luego se sienta en el taburete y sigue trabajando.)* A la fuerza. Se dejó abierto y los vecinos hemos tomado la posición.

ELÍAS.—Pues a defenderla. Parece que no y es un respiro esto de poder subir aquí. Y que hoy está el día hermoso.

DOÑA BALBINA.—Como que es fiesta.

ELÍAS.—*(Burlón.)* ¿Usted cree que eso influye?

DOÑA BALBINA.—*(Afecta distinción.)* ¿Por qué no? Días así siempre son gratos... Hasta el sol parece que luce más.

ELÍAS.—¿Y si llueve?

DOÑA BALBINA.—*(Seca.)* Se toma un coche.

> *(Se aparta un poco.* SILVERIO *reprime una sonrisa.)*

ELÍAS.—*(Ríe.)* Ilusión que se le pone a la cosa y nada más: créame. Ya ve en lo que va a consistir mi fiesta: en subir un rato luego a leer revistas viejas. Bueno, y en

cenar al fresco con Silverio y nuestras respectivas
parientas. ¿O lo has olvidado, sabio distraído?

SILVERIO.—Ya se encargará Pilar de recordármelo.

DOÑA BALBINA.—Ya ve como también usted lo celebra.

ELÍAS.—Pero con la ensaladita de siempre, poco más
o menos.

DOÑA BALBINA.—*(Cursi.)* ¡Ah, pues yo estos días
siempre hago extraordinario! Hoy, por ejemplo, haré
natillas.

ELÍAS.—*(Se quita la pipa de la boca.)* ¡No me diga!

DOÑA BALBINA.—Pues claro. ¿Qué se ha creído? Con
sus bizcochos y su leche de primera: nada de polvos.
Nunca he podido acostumbrarme a esos sustitutivos.

ELÍAS.—Lo que son las cosas: a mí me han llegado a
gustar. Y es que, claro: uno es más ordinario.

> *(La mira, socarrón.)*

DOÑA BALBINA.—*(Desconcertada.)* Yo no he dicho
eso... ¡Ah! Aquí está mi Daniela.

> *(Entra* DANIELA, *con la bolsa llena de bultos.)*

DANIELA.—Buenos días.

SILVERIO.—Hola, pequeña.

DANIELA.—Ya está todo.

> *(Cruza para enseñarle la bolsa a su madre,
> pero en realidad porque quiere mirar a la
> azotea alta, por si estuviese allí* FIDEL.)

DOÑA BALBINA.—*(Ante la indiscreta mirada de* ELÍAS,
*que ha alargado el cuello, cierra la bolsa.)* ¿Has traído los
bizcochos?

DANIELA.—*(Deja de mirar a la azotea alta.)* ¿Los bizcochos?

DOÑA BALBINA.—*(La mira fijamente.)* Sí, hija... Para
las natillas...

DANIELA.—*(Comprende y baja la cabeza.)* Se me han olvidado. Volveré a bajar.

DOÑA BALBINA.—*(Triunfante.)* ¡Qué calamidad de hija! Menos mal que está una para enderezarla... Vamos. (DANIELA, *roja, camina tras su madre.*) Buenos días...

SILVERIO.—Adiós, doña Balbina.

(ELÍAS *le dedica una enfática reverencia. Salen* DANIELA *y su madre.*)

ELÍAS.—Lo malo es que todavía no me puedo reír, porque va a oírme.

SILVERIO.—Nuestro clásico quiero y no puedo. Son bien desgraciadas las dos.

ELÍAS.—*(Se sienta en el pretil.)* ¿Qué es eso?

SILVERIO.—Una chapucilla. Cuando esté terminado, tendrá forma de manivela. *(Le tiende un tubo más largo que los anteriores, con doble codo, que* ELÍAS *mira.)* Dentro van unos espejitos muy bien ajustados.

ELÍAS.—Ya los veo.

SILVERIO.—Es para la próxima verbena. *(Recoge el tubo y lo deja en la caja con cuidado.)* Se lo ponen a una chica alrededor del cuerpo de manera que estos otros dos tubos *(Los anteriores, que le enseña.)* queden así. *(Se pone uno sobre el vientre y otro por detrás.)* Luego la visten de odalisca para tapar el aparato y se cobra la entrada para ver a la muchacha del agujero en el vientre: caso científico único. *(Ríe.)* El tío de la barraca se enteró de que yo lo hacía barato. Hoy lo termino y mañana lo cobro. Está muy calculado, no creas. Y el tubo es bueno, de latón muy sólido.

ELÍAS.—Y después, ¿qué toca?

SILVERIO.—Lo que salga. Con esto tiraré hasta la semana próxima, que inauguran la verbena. Y si no sale otra cosa, dibujaré allí retratos a duro.

ELÍAS.—*(Súbitamente enfadado, se baja del pretil para dar unos paseos.)* ¡Qué calabacín eres!

SILVERIO.—*(Asombrado.)* ¿Por qué?

ELÍAS.—Con todo lo que sabes, podías haber sido un tipo muy importante. Un pintor de los buenos, o quizá un ingeniero, ¿qué sé yo? Pero tú, en tus trece: ¡a talento gordo, vida mugrienta!

SILVERIO.—*(Sonríe.)* No valgo tanto. De muchacho dudaba en dedicarme a la pintura o a la ciencia. Y me fui de casa. París, Londres... Y mis pinceles y mis libros de Física bajo el brazo. *(Se levanta.)* Era un imbécil, pero, sobre todo, un completo egoísta. Lo que yo quería era divertirme sin trabajar. Después he comprendido que no estaba dotado y que carecía de voluntad.

ELÍAS.—Pareces estar describiendo a otra persona.

SILVERIO.—No lo creas. Yo estaba destinado a esto. Un tío industrioso, que lo mismo arregla una máquina de afeitar que construye viseras de cartón para los toros o pinta un rótulo. De vez en cuando, al circo, a mi vieja cuna... Pero mi número ya no gusta. En fin: lo bastante para vivir a salto de mata y darle a mi pobre mujer lo que necesite. *(Ríe.)* Un tipo de feria: casi un saltimbanqui. ¡Es la felicidad!

ELÍAS.—*(Grave.)* Pero tú no eres feliz.

SILVERIO.—*(Se le nubla la frente.)* Lo sería... si no fuese por Pilar.

*(Un silencio.)*

ELÍAS.—Quizá se cure.

SILVERIO.—*(Amargo.)* No. Aún es joven, pero no tiene solución porque está vieja por dentro. Se le han envejecido las arterias... desde la muerte de la niña. Siempre fue delicada, pero aquello acabó con su salud. *(Se acerca.)* Y se me va a morir.

ELÍAS.—¿Qué dices?

SILVERIO.—*(Se exalta.)* Puede ocurrir mañana o dentro de unos años: es igual. Me lo han advertido. Es inevitable... e imprevisible. Un día se irá. Y yo no puedo hacer nada, nada. Sólo callarme, para no entristecerla.

ELÍAS.—Yo no sabía...

SILVERIO.—Discúlpame. No tiene remedio. *(Intenta sonreír y vuelve a la caja. ELÍAS va tras él.)* Mira. Ahora hay que poner estos cristales en los tubos, porque siempre hay un animal que intenta meter un palito, o el cigarro encendido. Lo malo es que necesito un punzón... *(Busca en la caja.)* y no lo he traído. *(Un silencio. ELÍAS le pone la mano en el hombro. Él lo mira, triste.)* Os estoy muy agradecido a tu mujer y a ti, Elías. A veces, os tiene que cansar mucho con su sordera.

ELÍAS.—¿Te quieres callar?

SILVERIO.—Sin vuestra amistad la cosa habría sido más difícil para ella. ¡Porque necesita sentirse un ser humano entre seres humanos!

ELÍAS.—Teniéndote a ti está más que contenta. Lo dice siempre. *(Le palmea en la espalda.)* Bueno, desaruga esa cara, hombre. ¿Se te ha olvidado que hoy es fiesta?

SILVERIO.—*(Lo mira fijamente.)* No. Fiesta nueva pero con media jornada de trabajo. Partido internacional y lotería extraordinaria. Y algo más: día cinco.

ELÍAS.—No se te ha olvidado, no.

SILVERIO.—La nena murió un día cinco. *(Pasea. ELÍAS lo mira con atención.)* Generalmente, se me olvida. A veces me doy cuenta el diez, o el doce... Un pensamiento fugaz: aquello fue un cinco y no me he acordado. Algún año he llegado a olvidarlo en el mismo aniversario. *(Se vuelve.)* Es curioso, ¿verdad?

ELÍAS.—¿Y tu mujer?

SILVERIO.—Pilar también, al parecer.

ELÍAS.—Menos mal.

SILVERIO.—Hoy, en cambio, lo he recordado desde el primer momento, aunque no fue este mes... Es extraño.

ELÍAS.—Ya se te pasará.

SILVERIO.—Puede ser.

ELÍAS.—*(Señala con la cabeza a la puerta.)* Ahí la tienes.

SILVERIO.—*(Rápido.)* Por favor, pon buena cara
ahora.

> *(Sonríe a* PILAR, *que entra también sonriente
> con una silla. De unos cuarenta años, conserva
> ella todavía su delicado encanto juvenil, atem-
> perado por algún mechón gris. A veces se nota
> en su voz la desafinación de la sordera, pero su
> timbre siempre es grato.)*

PILAR.—No te enfades. He subido porque me lo ha
dicho la señora Manola. Toma: estarás mejor. *(Pone
junto al pretil la silla y toca a* ELÍAS *en un brazo, alegre e
infantil.)* ¡Usted, buenos días!

ELÍAS.—*(Fuerte.)* ¡Buenos días!

PILAR.—¿Cómo va tu trabajo?

SILVERIO.—*(Se lo enseña.)* Mira.

PILAR.—¡Qué adelantado! ¿Se puede mirar ya?

SILVERIO.—*(Deniega.)* Todavía no.

PILAR.—Qué aire más puro, ¿eh? *(Se aparta y curio-
sea.)* Parece como si estuviésemos en la torre de algún
castillo. *(Ríe y señala.)* Las ropas son como banderas,
mira. *(Pasea.)* Y aquí vive la bruja.

SILVERIO.—¡Chist! *(Señala a su oído.)* Puede oírte.

PILAR.—*(Se pone un dedo en la boca.)* ¡Chist! Puede
oírme. *(Ríe y se acerca a ellos.)* ¿Y Patro?

ELÍAS.—*(Señala y eleva instintivamente la voz.)* ¡Abajo!

SILVERIO.—No levantes la voz. Es inútil.

ELÍAS.—Siempre se me olvida. *(La toca en un brazo.)*
Oiga, Pilar...

PILAR.—*(Muy atenta.)* Sí.

ELÍAS.—*(Señala hacia abajo.)* Patro... la espera a usted
luego para preparar la cuchipanda... (PILAR *no comprende y mira a* SILVERIO.) Que luego... *(Acción.)* usted y
ella..., preparar la cena...

PILAR.—*(Mirándolo.)* Prepararse... (ELÍAS *deniega.)*
Espere.

> *(Saca del bolsillo un cuadernito y la punta de
> un lápiz, que le brinda.* ELÍAS *escribe.)*

SILVERIO.—*(Sonriente.)* Se quedó así demasiado mayor y no ha aprendido a leer en la boca. A veces caza alguna palabra. Y a veces, no sé cómo, parece que comprende.

PILAR.—*(Que ha leído, le arrebata el cuaderno a* ELÍAS.) No me olvido, no. Ya lo tengo todo comprado.

ELÍAS.—Menos mal que no se le ha agriado el carácter.

SILVERIO.—*(Orgulloso.)* Esa es mi obra.

PILAR.—Presumido.

*(Se aparta y va a mirar a la calle.)*

SILVERIO.—¿Lo ves? Yo creo que es porque le he dado confianza. A veces desbarra y yo finjo asombrarme también.

ELÍAS.—Demasiadas preocupaciones para mí. A mi mujer la quiero de verdad, ¿eh? Pero a veces tenemos las grandes trifulcas, y eso que oye perfectamente. ¿Tú nunca las tienes?

SILVERIO.—*(Muy grave.)* Nunca, desde aquello. Había que ahorrarle todo dolor, ¿comprendes?

PILAR.—Van a regar la calle. *(Se vuelve.)* La vendedora de la esquina se ha tenido que pasar a la otra acera.

*(*SILVERIO *la sonríe.)*

ELÍAS.—*(Suspira.)* En fin: eres un tipo como no hay dos. Me voy para abajo. *(Se sienta en el pretil y salta a su azotea. Agita la mano.)* ¡Adiós, Pilar!

PILAR.—*(Se acerca.)* Adiós. Dígale a Patro que pasaré sin falta a las cinco.

ELÍAS.—Hasta luego si subes. Ya sabes que yo vendré un rato.

SILVERIO.—Hasta luego.

*(*ELÍAS *se va por detrás del bloque, cargando su pipa.* SILVERIO *y* PILAR *se miran por un momento.)*

PILAR.—*(Pone su brazo bajo el de él.)* Si no trabajas, dime cosas.

SILVERIO.—*(Sin mirarla.)* ¡Mi pobre Pilar! Eres como una niña feliz y yo he cargado con el dolor de los dos. No importa: te lo debía.

PILAR.—*(Le tiende el cuadernito y el lápiz.)* ¿De qué me hablas? *(Él escribe algo, sonriendo y ella lee.)* ¡Qué hermoso fue! ¿Te acuerdas?

SILVERIO.—Sí... A pesar de todo, fue hermoso. Tú estabas entonces con Carol. Se compadeció de ti cuando te conoció, aún no bien repuesta de aquella cosa horrible que te había pasado. Se apiadó al verte con la niña que te habían dejado en los brazos... las brutalidades de la guerra. Y te llevó al circo y te hizo respirar aires más tranquilos en otros países. Y a cambio, no te pidió nada. Excelente sujeto, Carol... El alma más buena y delicada en un cuerpo de gigante. *(Se separa y acciona, para que ella le comprenda.)* Tú le tendías el trapo de la resina y, al final de los ejercicios, saludabais los dos *(Acciona. Ella, muy complacida, lo imita.)* y todas tus lentejuelas brillaban. *(Para sí.)* Cuando entré en el circo aún no sabía nada de lo que te había pasado, pero advertí tu tristeza. *(Vuelve a accionar para ella.)* Luego venías a verme ensayar mi número de cuadros con retales de colores. *(Ajusta imaginarios retales sobre un cuadro y ella lo imita, sonriente.)* Siempre con tu niña en brazos... Venías cada vez más... porque los dos éramos españoles. Entonces logré yo componer en tres minutos mi nuevo cuadro. Aquel que se titulaba «El puerto de Marsella.» Estábamos en Marsella...

PILAR.—*(Que ha seguido muy atenta sus gestos.)* Espera. El... ¿Has dicho el puerto de Marsella?

SILVERIO.—*(Asiente.)* Sí.

PILAR.—¡Era precioso! Yo te traía nuevos retales, ¿te acuerdas?

SILVERIO.—Nos casamos a los dos meses.

PILAR.—¡Qué hermoso fue todo!

(SILVERIO *le acaricia suavemente el pelo. Un silencio. De pronto,* TOMASA *y* MANOLA *entran corriendo y se sientan en sus sillas.*)

SILVERIO.—*(Se separa de su mujer.)* ¿Qué pasa?
TOMASA.—Que sube la Nati a cerrar.

(DOÑA BALBINA *entra también con otra silla y se apresura a sentarse.*)

DOÑA BALBINA.—¡Ya está aquí! ¡Vamos! ¡Hablemos de algo! Como si no nos importara.
MANOLA.—*(Acciona.)* Pues esto, y lo otro, y lo de más allá...
DOÑA BALBINA.—¡Ay, qué poca inventiva! *(Ojeada a la puerta).* ¿Se han fijado ustedes en los nuevos escaparates de la esquina? Todo estupendo, a la americana. Hay unas telas estampadas preciosas, y unos bolsos de plástico, en colores... ¡Un sueño!

(NATI *aparece y las mira.*)

TOMASA.—¡Ya lo creo!
DOÑA BALBINA.—Yo pienso comprar mucho allí...
NATI.—Hagan el favor de salir, que voy a cerrar. *(Silencio. Las comadres miran a la* NATI *y se miran. Por la azotea del fondo han aparecido* SABAS *y* PACO. *Van hacia el pretil de la calle, pero se detienen al oír a* NATI, *que dice de nuevo:)* ¡Hagan el favor de salir, que voy a cerrar!
SABAS.—Ven, Paco. Esto promete.

(*Y va al pretil de separación, donde se acoda.* PACO *lo sigue.*)

TOMASA.—¡Haga usted el favor de bajar, que nos vamos a quedar!
NATI.—*(Saca la llave del bolsillo.)* ¡Vamos! ¡Y, además, bájense las sillas!

MANOLA.—Quiá, hija. Las necesitamos para la tertulia de esta tarde.

(SABAS *se sienta en el pretil con los pies para la primera azotea.*)

NATI.—*(Furiosa.)* ¿De esta tarde?

TOMASA.—Sí, señora. En vez de bajar a la acera, las sillas se han subido a la azotea. Si quiere, puede usted luego subir la suya también.

(*Mira a las otras, pidiéndoles su asentimiento.*)

MANOLA.—*(Risita.)* ¡No faltaba más!

NATI.—¡Esto se ha acabado! Ya saldrán por la otra azotea si pueden.

(*Mete la llave en la cerradura, dispuesta a cerrar rápidamente. De un salto,* SABAS *se lo impide, mientras* MANOLA *y* TOMASA *se levantan.*)

SABAS.—¡Quieta, que se va a hacer daño!

NATI.—¡Volveré con mi marido!

(PACO *se sienta a su vez en el pretil.*)

MANOLA.—¡Su marido!

(*Hilaridad general.*)

TOMASA.—¡Como no lo suba en aeroplano!

NATI.—*(Saca la llave con rabia.)* Está bien. Ya procuraré yo cerrar en otro momento.

SABAS.—¿A que no?

NATI.—¡Ya lo veremos!

(*Pero esconde la llave a sus espaldas y retrocede, temerosa.*)

PACO.—¡Duro, Sabas!

SABAS.—*(A* NATI, *achulado.)* No tenga miedo, mujer, que no se la voy a quitar. Es más fácil.

> *(De un feroz puñetazo desbarata la cerradura, cuya caja cae al suelo con estrépito, y se aparta, ufano, acariciándose el puño. Las comadres gritan y ríen.)*

PACO.—¡Bravo, Sabas!

NATI.—¡Bruto! ¡Animal! *(A* TOMASA.) ¡Usted, que es la madre, tendrá que pagar la compostura!

> *(Recoge del suelo la cerradura.)*

TOMASA.—*(Ríe.)* ¡Se pagará, sí, señora! ¡Pero ahora váyase a freír monas!

> *(Humillada,* NATI *sale.)*

MANOLA.—*(Tras ella.)* ¡La azotea es nuestra!

TOMASA.—*(Yendo también hacia la puerta.)* ¡Hala, a freír monas! *(Se vuelve a* SABAS.) ¡Vale un imperio mi hijo!

SABAS.—Vamos, Paco, y la corremos hasta abajo.

> *(Va a la puerta y silba.* PACO *va tras él. Salen los dos y sus silbidos se van perdiendo.)*

TOMASA.—Ahora que ya no hay peligro, me vuelvo a mis judías escapada.

MANOLA.—Y yo a mis patatas.

DOÑA BALBINA.—¡Ay, mis natillas, cómo estarán! Déjenme pasar.

> *(Las aparta y sale corriendo.)*

TOMASA.—¿Qué le parece la doña Cotufa ésta?

MANOLA.—*(Risita.)* Calle, mujer...

*(Salen las dos. Una pausa.* PILAR *y* SILVERIO *se miran y ríen.)*

PILAR.—¡Qué bruto es ese Sabas!
SILVERIO.—Sí.

*(Vuelve a su tubo y lo examina.)*

PILAR.—*(Pasea y mira el hueco de la cerradura.)* La ha destrozado por completo. *(Él la mira, se sienta y perfila con el alicate algún pormenor.)* Está hermoso el día... *(Pasea.)* Tiene una claridad especial. Y es que hay días extraños... *(Él se detiene y la mira.)* Días en que parece como si el tiempo se parase, o como si fuese a suceder algo muy importante. ¿No te ocurre a ti eso a veces? Como si las cosas familiares dejasen de serlo... Como si las vieses por primera vez y fuesen todas muy bonitas... Los vecinos son buena gente sin saberlo ellos mismos; la bruja es simpática precisamente cuando pone cara de vinagre, porque tú sabes que no es bruja, que es una pobre mujer que no entiende de nada y que el cielo está lleno de piedad para ella. Y hasta esos trastos rotos son bonitos... Es como si detrás de todas las cosas hubiese una sonrisa muy grande que las acariciase.

SILVERIO.—*(Inquieto, se levanta y acude a su lado.)* ¿Qué te pasa?

PILAR.—*(Ríe.)* Tonto, no te asustes. *(Se recuesta sobre su brazo.)* Es que estoy contenta... Y llena de calma al mismo tiempo. Y esa sonrisa que veo en las cosas es la tuya... La tuya, que ha hecho que todo sea risueño para mí.

SILVERIO.—*(Conmovido.)* Pilar...

PILAR.—También a ti te agrada que yo te hable, ¿eh? *(Él asiente.)* Pero tú me oyes siempre. *(Ríe.)* Y a mí me gustaría decirte también cosas... que tú sólo pudieses imaginar, como yo imagino las tuyas.

*(Le ha deslizado las manos hacia los oídos y se los tapa con los índices. Él se aparta, brusco.)*

SILVERIO.—¿Qué haces?

PILAR.—¡Es un capricho! Sordo por un minuto, como yo. Ven.

SILVERIO.—Pero nunca pensaste en esto... ¿Por qué hoy, hoy precisamente?

PILAR.—¿Te sorprende? Ya te he dicho que es un día especial... Se me ha ocurrido... no sé por qué.

*(Ha vuelto a acercarse. Le va tapando los oídos.)*

SILVERIO.—*(Grave.)* Vuelves a adivinar.

PILAR.—¿Y tu sonrisa? *(Él sonríe con esfuerzo.)* Así. ¿Me oyes? *(Él asiente, risueño pero lleno de ansiedad.)* ¿Sí? Habrá que apretar más... ¿Y ahora? *(Él la mira y no se mueve.)* Ya no, ya no me oyes... Ahora ya puedo decirte: gracias. Gracias por tu cariño y por tu paciencia inagotable. Sé que has tratado de hacerme olvidar a nuestra pobre nena... Ni un solo día la he olvidado, pero tú has logrado que la recuerde sin dolor. Gracias por ello, pobre mío. Y tú olvida: olvida aquel horror. No recuerdes que hoy... es día cinco.

*(Calla y baja lentamente sus manos. Él la abraza con los ojos angustiados.)*

SILVERIO.—Te he oído, Pilar. Creí haberte sacrificado mi vida y acabas de descubrirme que eras tú la sacrificada... En todo ese cielo que a ti te sonríe, no hay bastante piedad para mí.

TELÓN

# ACTO SEGUNDO

En el mismo lugar. Las cuatro sillas traídas por los vecinos se encuentran ahora tiradas por el suelo y en fila, formando el tren de los juegos infantiles. El día siguió su marcha y la luz del sol, desde la izquierda y muy alta, cae ahora casi a plomo sobre las azoteas

> *(Sentada en su terraza,* DOÑA NIEVES *tamborilea con la mano sobre la mesa. Una pausa.* REMEDIOS *entra.)*

REMEDIOS.—¿Me llamabas?

DOÑA NIEVES.—¿No dijiste que esa señora vendría a las cuatro?

REMEDIOS.—Sí. Pero yo no tengo la culpa...

DOÑA NIEVES.—¡Seguro que me estás desprestigiando tú en el barrio!

REMEDIOS.—¿Yo?

DOÑA NIEVES.—El domingo pasado vinieron sólo doce personas. ¡Cuatro menos que el anterior! Y hoy, a la hora que es, sólo dos.

REMEDIOS.—Aún queda día...

DOÑA NIEVES.—No, si estarán todos yéndose a la otra. ¡Valgo yo mil veces más que esa embustera, pero la novedad, ya se sabe! Y para colmo, los vecinos escandalizando aquí todo el día, y los niños jugando al tren y armando un barullo del infierno.

> *(Se santigua.)*

REMEDIOS.—Con la azotaina que tú le has arreado a Pepín no les quedará gana de volver. No te preocupes, mujer...

DOÑA NIEVES.—¡Claro! ¡Tú, con sentarte a la mesa lo tienes todo arreglado! Pero ya ves que esto va de mal en peor.

REMEDIOS.—*(Suspira.)* Si tocase la lotería...

DOÑA NIEVES.—*(Despectiva.)* La lotería... *(Transición.)* De todos modos sube el periódico en cuanto salga. *(Medita.)* No, y el caso es que yo misma me eché las cartas cuando compré el décimo y salieron muy expresivas.

REMEDIOS.—Dios te oiga.

*(Va a salir.)*

DOÑA NIEVES.—Sí, Remedios: que Él lo haga. (RE-MEDIOS *se detiene, alerta.)* Porque si no... Aquí difícil-mente va a haber para una sola boca... Conque calcula para dos. *(Aparta la mirada.* REMEDIOS *da un paso hacia ella).*

REMEDIOS.—¿Qué... quieres decir?

DOÑA NIEVES.—Si no me has entendido, nada.

REMEDIOS.—*(Otro paso.)* Yo te ayudo mucho, Nie-ves... Y la gente cree que somos hermanas...

DOÑA NIEVES.— Pero no lo somos.

REMEDIOS.—Llevamos muchos años juntas... Ya ves: desde que nos encontramos en aquel pueblo, cuando nos evacuaron durante la guerra... Y yo te he servido como una criada, y te soy útil...

DOÑA NIEVES.—Yo sólo sé que así no podemos se-guir.

REMEDIOS.—*(En voz muy baja.)* ¡Dios mío! *(Se vuelve para salir y se detiene. A sus ojos asoma el rencor.)* Yo no tengo la culpa de que la otra te quite los clientes.

DOÑA NIEVES.—*(Se levanta.)* ¡Ayer te envié a su puerta y me dijiste que sólo entraron desconocidos! ¿Es que me has mentido?

REMEDIOS.—Sí. La del número dieciséis entró. Y también la señora Jacinta.

(Sale.)

DOÑA NIEVES.—(Descompuesta.) ¡Espera! (Se pasa la mano por la cara, se apoya en la barandilla y mira su relojito de pulsera.) ¡Así se muera! (Probablemente, lo dice por «la otra» más que por REMEDIOS. SABAS y PACO entran, mohínos, en la azotea.) ¡Y ahora, éstos! (SABAS se detiene al oírla y le saca la lengua con un gruñido desdeñoso.)

DOÑA NIEVES.—(Da un respingo.) ¡Groseros!

(Y se mete en su casa. PACO le ha reído la gracia a SABAS, pero éste no se digna aceptarlo. Va al pretil y se sienta, hosco. PACO se pone al lado, mirándolo. Un silencio.)

PACO.—¿Qué hacemos aquí?
SABAS.—¡Qué más da un sitio que otro!
PACO.—Vámonos al bar y escuchamos el partido.
SABAS.—No.
PACO.—Yo convido.
SABAS.—¡No!

(PACO pasea y se vuelve.)

PACO.—Vienen muy entrenados los daneses. Y con una delantera fantástica.
SABAS.—¡Bah!
PACO.—Los nuestros van a tener que echar el resto.
SABAS.—Se los comerán vivos.
PACO.—¿A los daneses?
SABAS.—¡Ahora mismo se los están merendando, idiota! Con Fiscovich y con Borelli nos sobra a los españoles para destrozarlos!
PACO.—Pues yo te digo...

SABAS.—¡Oye, imbécil! ¿Es que eres danés?

PACO.—¡Ni danés ni imbécil! ¡El imbécil lo serás tú!

SABAS.—¡El imbécil y el idiota y el ignorante lo eres tú, que no entiendes una palabra de esto ni de nada!

PACO.—¡Oye, tú!...

SABAS.—¡Y cállate!

> (PACO *se achica. Pasea y le da un puntapié a la palangana. Se detiene, la mira y la coge. Conciliador.*)

PACO.—¿La tiramos a la calle?

SABAS.—¡Déjame en paz!

PACO.—(*Lo piensa.*) Pues yo la tiro.

> (*Se acerca al pretil y levanta la palangana.*)

SABAS.—¡Espera!

> (*De un salto se planta a su lado, le arrebata la palangana y la tira. Miran. Poco después se oye el lejano ruido del metal contra las piedras de la calle.*)

PACO.—(*Ríe.*) ¡Menudo susto se ha pegado la vendedora! (SABAS *se retira también, riendo.* PACO *lo toma de un brazo.*) Oye, he pensado un bromazo bueno para la próxima verbena. Pero lo tienes que hacer tú, que eres el más bragado.

SABAS.—¿Qué es?

PACO.—Cogemos un ladrillo grande... ¡y se lo echamos a un churrero en la sartén!

SABAS.—(*Encantado.*) ¡Hala!... ¡Todos los churros por el aire!

PACO.—¡Y el aceite!

SABAS.—(*Ríe.*) ¡Cuidado con los bigotes, que hay fuego!

PACO.—(*Muerto de risa.*) ¡Prohibido acercarse a los niños chicos!

SABAS.—¡La bomba hache!

(*Ríen a más no poder.*)

PACO.—Oye... ¿Y si «puliéramos» algunas de estas ropas?

SABAS.—No seas bruto. Nos echaban el guante escapados. Y además, que hay que reservarse para cosas más grandes. (*Misterioso, vuelve a recostarse en el pretil, con las manos en los bolsillos.*) Tengo yo una entre ceja y ceja que... me vas a ver de señorito como me salga. Lo malo es que necesito diez mil para empezar. (PACO *se acerca, intrigado.*) Si le tocase a madre la lotería, ya estaba. Me las ha prometido.

PACO.—¡Pero cuéntame, chico!

SABAS.—(*Después de un momento, cauteloso.*) Tánger. Allí se pueden comprar cosas, ¿sabes? El toque está en pasarlas aquí, pero eso ya está estudiado.

PACO.—¿Tú solo?

SABAS.—No. Hay otros.

PACO.—¡Qué tío!

SABAS.—¡No te vas a pasar la vida en el taller cuando todo el mundo mete la mano donde puede! Pero de esto, ni una palabra. También habrá algo para ti si me ayudas.

PACO.—¡Ya tardabas en decirlo!... Oye, favor por favor: hablé de tu parte con la Tere.

SABAS.—(*Muy interesado.*) ¿Y qué?

PACO.—Que se viene esta noche.

SABAS.—¡Paco de mi vida!

(*Lo abraza.*)

PACO.—Para, que ahí viene el cuatro ojos.

(*Entra* FIDEL, *con sus libros bajo el brazo, y se detiene al verlos. Un silencio.*)

SABAS.—Me gusta. De modo que no se puede poner la radio porque el señor estudia. Y en cuanto uno ahueca, resulta que el señor... deja de estudiar.

(*Avanza hacia su hermano. Se le está enrabiando la mirada.* FIDEL *retrocede un paso.*)

PACO.—¡Dale ya!

FIDEL.—(*Rápido.*) Espera, Sabas... Precisamente vengo a decirte que bajes a oír el partido si quieres; que yo puedo estudiar en otro lado.

SABAS.—(*Se le endulza la expresión.*) Hombre. Es el primer detalle que te veo en mucho tiempo. (*Ríe.*) Está bien, cuatro ojos. Casi se merece un premio, ¿verdad, Paco? Tenemos que llevarle un día por ahí, a que aprenda mundo.

PACO.—(*Ríe.*) Esta noche.

SABAS.—Pues no es ninguna tontería. (*A su hermano.*) Mira, yo soy mejor de lo que crees. Hasta de dejarte con la Tere era yo capaz. La chica es desenvuelta, que es lo que tú necesitas... ¿Qué? ¿Te animas?

FIDEL.—Déjalo. Otro día.

(*Ríe.*)

SABAS.—Bueno, don Remilgos. No dirás que tu hermano no es generoso. (*A* PACO.) Yo soy así.

PACO.—(*Va a la salida.*) Hala, vamos a ver si se tragan los nuestros a los daneses.

(*Sale.*)

SABAS.—Adiós, hombre. (*Le da un cariñoso pescozón a* FIDEL.) Y gracias.

(*Sale.*)

FIDEL.—¡Idiota!

> *(Va al pretil, deja los libros y mira a la otra azotea. Luego sube a la azotea alta para mirar mejor. Cuando va a apartar las ropas para pasar al fondo de la misma, surge de entre ellas, con la vista baja, DANIELA.)*

FIDEL.—*(Muy sorprendido.)* ¿Estabas aquí?
DANIELA.—Sí. Adiós.

> *(Se encamina a la escalerilla, rápida.)*

FIDEL.—¿Te vas por mí?
DANIELA.—*(Deteniéndose en el rellano.)* De ninguna manera.
FIDEL.—*(Mirándola perplejo y sin saber qué decir.)* Te aseguro que no me estorbas... Si quieres, puedes quedarte.

> *(DANIELA lo mira con un resto de esperanza, suspira y vuelve a su lado.)*

DANIELA.—Me pareció esta mañana que te disgustaba hablar conmigo.

> *(Se acoda en el barandal.)*

FIDEL.—Qué tontería... *(Le pasa un brazo por los hombros.)* Lo que ocurre es que nos hicimos mayores. *(Sonríe.)* Precisamente el otro día se lo decía a mi hermano en Casa Claudio: «¿te acuerdas de que padre nos tenía prohibido entrar aquí cuando éramos chicos? Nos parecía algo tremendo... Y ahora vemos que sólo se trataba de tomarse unos chatos.»

> *(Espía el efecto de sus palabras.)*

DANIELA.—Yo creía... que no te llevabas bien con Sabas.

FIDEL.—No lo dirás por las cosas que nos hemos dicho él y yo ahora...

DANIELA.—*(Seca.)* No las he escuchado. Desde ahí atrás se oye mal. Y yo pensaba en las mías.

FIDEL.—*(Tranquilizado.)* Sabas y yo nos llevamos mal sólo en apariencia.. *(Presume.)* Es que yo tengo mi genio... Pero más de una canilla al aire hemos echado juntos ya. Y puede que esta misma noche... ¡Qué demonios, se crece!

*(Pausa breve.)*

DANIELA.—En lo que dices hay algo que no me suena bien... Tú nunca fuiste así... Y, sin embargo, yo necesito hoy más que nunca un consejo... de amigo.

FIDEL.—Y lo somos.

DANIELA.—Pero si vas a decir que son niñerías, ¿para qué hablarte?

FIDEL.—¿Sabes que me estás picando la curiosidad?... Vamos, habla. ¿Qué te ocurre?

DANIELA.—*(Suspira.)* Es cierto que todavía soy una niña, Fidel. Pero una niña que cose, y que casi mantiene a su madre... Porque nos va muy mal.

FIDEL.—Yo creía...

DANIELA.—Creías que nos defendíamos porque nos ves salir bien vestidas, y porque mamá cuenta muchas cosas... que no son ciertas. Otros vecinos son más listos y yo les noto que nos han descubierto y que se ríen a nuestras espaldas.

FIDEL.—Tu padre lo ganaba bien...

DANIELA.—Todo se lo llevó la trampa. Yo quise entonces trabajar. Pero no a hurtadillas, como ahora, sino a la luz del sol: ganarme la vida con la frente muy alta... *(Sonríe con tristeza.)* Me ilusionaba entrar en una peluquería de señoras. Pero mi madre no quiso ni oír hablar de eso. Y ahora me mato a coser casi sin provecho y noto que mi salud flaquea; pero eso no importa. Lo horrible es la mentira constante, la necesidad de callar tantas humillaciones y bribonadas... porque ella lo quiere.

FIDEL.—¿Qué es lo que te manda callar?

DANIELA.—Son tantas cosas... Tú nos ves salir algunos días muy arregladas y ella dice a los vecinos que vamos a una boda, o a un bautizo... Y ellos luego se ríen, porque creen que miente. Pero es verdad... Sólo que... nadie nos ha invitado.

FIDEL.—¿Cómo?

DANIELA.—Ella se entera de muchos modos, y entonces vamos... ¡a comer! Si alguien nos pregunta, ella sabe contestar con mucho desparpajo: «Nosotras somos las de Ramírez», o cualquier otra cosa. Pero ya nos han echado de más de un sitio... *(Breve pausa.)* Y hoy, a las ocho, tenemos que ir a una de esas cosas. ¡Y yo ya no vivo de vergüenza!

*(Baja la cabeza.)*

FIDEL.—*(Desconcertado y con algún disgusto por la magnitud de la confidencia.)* Te prometo callar, natural-mente. Y siento todo eso.

*(Tamborilea, irresoluto, sobre la barandilla.)*

DANIELA.—*(Lo mira, anhelante.)* No sé qué hacer, Fidel... Ahora mismo la estoy traicionando al decír-telo... ¡Pero yo quisiera vivir una vida clara y sin tapujos, aunque fuese en la pobreza! *(Baja la cabeza.)* Y todavía no te lo he dicho todo.

FIDEL.—*(Instintivamente, se aparta un poco.)* Bueno, Danielita, no hay que apurarse. Reconozco que lo que me cuentas es muy triste... Pero son las cosas de la vida. Todo se arreglará.

DANIELA.—Si alguien, al menos, me animase y me ayudase a plantear la cosa a mi madre con claridad...

*(Lo ha dicho con mucha vergüenza.)*

FIDEL.—*(Después de un momento.)* Todo se arreglará.

DANIELA.—¡Es que no quiero ir!

FIDEL.—Lo comprendo. Pero... si no te atreves a negarte... *(Ella desvía la vista. Se aparta él unos pasos.)* No lo pienses más ahora. Ya se irá resolviendo todo. Mira: desde aquí se ven muy bien los preparativos de la verbena.

*(Desaparece tras las ropas.)*

DANIELA.—*(Que no se ha movido.)* Acuérdate siempre de que recurrí a ti... y me fallaste.

FIDEL.—*(Voz de.)* No digas bobadas y ven.

DANIELA.—*(Mira fijamente hacia las ropas.)* Sigues tratándome como a una niña... *(Avanza y desaparece tras las ropas.)* a quien se le enseñan juguetes para consolarla. Pero yo ya no soy una niña.

FIDEL.—*(Voz de. Súbitamente turbada.)* ¡Daniela! *(DANIELA reaparece, llorosa, y se encamina presurosa a la escalerilla. FIDEL aparece tras ella.)* ¡Daniela!

DANIELA.—*(Ya en el rellano, se vuelve.)* ¡No te preocupes, hombre! ¡Es sólo un beso... de niña! Olvídalo y vete esta noche a encanallarte con tu hermano, o a divertirte con la Tere, que bien sé que te gusta... ¿O crees que no tengo ojos en la cara?

FIDEL.—¡Si no la conozco!

DANIELA.—*(Señala a la azotea del fondo.)* ¡Aguarda y tendrás tu premio, farsante! ¡Puede que no tarde en subir por sus ropas!

*(Y baja, rápida.)*

FIDEL.—¿Eh?

*(La indecisión de sus movimientos acusa lo inesperado de la revelación. Con la caja de su marido bajo el brazo, entra PILAR y SILVERIO tras ella.)*

PILAR.—*(Mientras va a dejar la caja sobre el pretil.)*
Mira lo que han hecho los críos.

*(Señala a las sillas y se dispone a levantarlas.)*

SILVERIO.—*(Con un ademán.)* Deja, yo lo haré.

*(DANIELA se detuvo al verlos. Después continúa su camino.)*

DANIELA.—*(Seca.)* Buenas tardes.

*(Sale. Con su silla a medio levantar, PILAR la mira.)*

PILAR.—¿Qué le pasa? (SILVERIO *miró a la azoteílla, donde* FIDEL *disimula, y le indica a su mujer que calle. Ella comprende al punto y pone la silla junto al pretil, abriéndole la caja.)* A trabajar, gandul, que el dinero se acaba.

SILVERIO.—Pronto habrá más. *(Le enseña, golpeándolo con un dedo, el tubo grande, que tiene ya adosado a un extremo uno de los tubos cortos. Eleva la voz.)* Caramba. Los libros de Fidel. *(Mira a la azoteílla.)* ¿Qué hace usted ahí, criatura? Baje con nosotros. *(Entretanto, ella levanta sillas y las deja en su primitivo lugar.)* Análisis gramatical... Geografía... Problemas... ¿Qué tal va todo?

FIDEL.—*(Bajando, turbado.)* No se me da mal.

SILVERIO.—¿Cuándo son las oposiciones?

FIDEL.—En noviembre. Yo hubiera querido hacer las de Factor de Ferrocarriles, que tienen mejor sueldo; pero me tuve que agarrar a las de Empleado Administrativo... por la vista.

*(Llega junto a SILVERIO. PILAR se ha sentado y los mira, atenta.)*

SILVERIO.–Y en cuanto las gane..., a casarse, ¿no?

FIDEL.–*(Sin lograr salir de su amargura.)* ¿Yo?...
*(Baja la cabeza.* SILVERIO *lo mira con gravedad. Breve
pausa.)*

SILVERIO.–Oiga, Fidel. Yo soy un poco observador.
Y metomentodo. Usted se está pasando el día en la
azotea...

FIDEL.–*(A la defensiva.)* Como usted.

SILVERIO.–Pero yo trabajo, y usted no estudia.
(FIDEL *va a tomar sus libros, y él se lo impide suavemente.)*
¿Me deja que le pregunte algo? (FIDEL *calla, turbado.)*
Yo he sido joven también y sé cómo se sueña en trabajar y triunfar, para ponerlo después todo..., a los pies
de una mujer. (FIDEL *desvía la vista.)* Y hay mujeres tan
capaces de querer, que cualquier cosa que les demos
siempre es para ellas demasiado. La mía, por ejemplo.
Pero otras... *(Levísimo gesto hacia las ropas del fondo)*
siempre piden más. Y si no podemos dárselo..., pisotean
todo, todo lo que les hemos puesto a los pies.

PILAR.–*(Sonriente.)* Ya sé de qué habláis.

SILVERIO.–Y lo sabe, no le quepa duda. En esta
casa hay una muchacha que se le parece mucho...
Una muchacha como ella, capaz de querer. Les he
visto crecer a los dos y sé lo que me digo. Claro que
usted está en la edad de las ilusiones locas. Cosas de
adolescente inexperto, que cree ver su ideal a lo
mejor en cualquier desvergonzada, sólo porque es
guapa.

PILAR.–Hágale caso, muchacho. Todo lo que él dice
siempre es bueno.

FIDEL.–*(Suspira.)* Me ha hecho usted mucho daño.
De sobra sé que soy un pobre diablo; pero yo quería
olvidarlo..., o hacerme la ilusión, al menos, de que
dejaría de serlo. De nada sirve que alguien me quiera
como soy, porque yo no quiero ser como soy.

SILVERIO.–No se desprecie tanto... Usted tiene
mejores cualidades de las que cree. No las cambie por
la necia ilusión de convertirse en un tipo de película.

Fidel y Silverio en *Hoy es fiesta*

*Foto Gyenes*

*(Fumando su pipa y con un rimero de revistas bajo el brazo, aparece* ELÍAS *por la azotea del fondo y se detiene al verlos.)*

FIDEL.—*(En un arranque.)* Señor Silverio: mi madre siempre dice que soy un despistado y tiene razón. Siempre soy el último en enterarme de todo. Pero quiero creer todavía que hablamos de personas diferentes... Contésteme a una sola pregunta. ¿Usted sabe cuál es el nombre de...?

SILVERIO.—¿De la una y de la otra?

FIDEL.—Sólo de la otra.

*(Lo mira con enorme ansiedad.)*

SILVERIO.—*(Suave, con un leve gesto hacia la otra azotea.)* ¿Se refiere usted... a la Tere?

*(A* FIDEL *se le saltan las lágrimas y se vuelve hacia el fondo para que no lo vea* PILAR; *pero gira de nuevo rápidamente al ver a* ELÍAS.)

PILAR.—*(Se levanta y se acerca.)* ¿Qué le has dicho? ¡No llore, hijo! ¡Si ella le quiere! (FIDEL *coge sus libros y huye hacia la puerta, por donde sale.)* ¡Le has hecho daño!

*(*SILVERIO *deniega.* PILAR *suspira y se aparta, pensativa.)*

ELÍAS.—*(Avanza.)* ¿Qué le pasa al pollito?

SILVERIO.—Cosas... Que se encaprichó de una chica y acaba de saber que es... como la Tere.

ELÍAS.—*(Lo comenta con un gruñido de conmiseración y lanza una bocanada de humo.)* Dile a tu parienta que la mía está ya en plena faena.

(SILVERIO *toca el brazo de* PILAR.)

hombre más, tomaré tu cuaderno y te confesaré mi
maldad... Yo también me atrevo a esperar. *(La mira.)* Y
si tus ojos me condenan... aceptaré mi dolor y procuraré recobrarte.

PILAR.—*(Levantándose.)* Silverio... ¿No lo notas?

SILVERIO.—*(Acude a sostenerla.)* ¿El qué?

PILAR.—Es como una alegría grandísima que nos
envolviese a los dos... Como un río enorme... que me
invade.

> *(Se echa hacia atrás, bajo un súbito dolor lan-
> cinante.)*

SILVERIO.—¡Pilar!

> *(La sostiene mientras ella se deja caer en la
> silla.)*

PILAR.—*(Aún tiene energía para incorporar la cabeza y
sonreírle.)* No te inquietes... Todo... pasará. *(Sus miembros se aflojan y se le vence la cabeza sobre el pretil.)*

SILVERIO.—*(Horrorizado.)* ¡No, Pilar! ¡No! *(Agitadí-
simo, mira y oprime su mano, que conservaba entre las
suyas, y la deja caer. La mano de* PILAR *se desploma sin
vida. Él se incorpora y mira a todos lados con indecible
angustia, ahogándose, en torpe demanda —¿a quién?— de
auxilio. Al fin se inmoviliza, con los ojos muy abiertos.)* Es
el castigo. *(La mira y se arrodilla lentamente, tomando sus
manos.)* Quizá puedes oírme al fin por tus pobres oídos
muertos... Quizá ya sabes. ¿Y yo, cómo sabré? Sólo tu
boca podía decirme si tengo perdón. Sólo tu boca...
¡Pilar, Pilar!... ¡Si aún pudiera decírmelo!... Pero estoy
solo. Tú lo eras todo para mí y ahora estoy solo.

> *(Pausa. La voz de* DOÑA NIEVES *se filtra por
> la puerta de la terraza y llega a sus oídos.
> SILVERIO levanta la cabeza y escucha. A las
> primeras palabras, mira a su mujer, rompe a*

*llorar en silencio y se vence, de bruces, sobre el regazo de la muerta.)*

DOÑA NIEVES.—*(Voz de.)* Hay que esperar... Esperar siempre... La esperanza nunca termina... La esperanza es infinita...

TELÓN LENTO

# ÍNDICE
## DE TÍTULOS PUBLICADOS

**SELECCIONES AUSTRAL**